KÖNIGS ERLÄUTERUNGEN

Band 467

Textanalyse und Interpretation zu

Ödön von Horváth

# GESCHICHTEN AUS DEM WIENER WALD

Wolfgang Reitzammer

Alle erforderlichen Infos für Abitur, Matura, Klausur und Referat
plus Musteraufgaben mit Lösungsansätzen

*Bange* Verlag

**Zitierte Ausgabe:**
Horváth, Ödön von: *Geschichten aus dem Wiener Wald*. Volksstück in drei Teilen.
Husum/Nordsee: Hamburger Lesehefte Verlag, 2009 (Hamburger Leseheft
Nr. 221). Zitatverweise sind mit **HL** gekennzeichnet.
Horváth, Ödön von: *Geschichten aus dem Wiener Wald*. Volksstück in drei Teilen.
Stuttgart: Philipp Reclam jun. Verlag, 2009 (Reclams Universal-Bibliothek
Nr. 18613). Zitatverweise sind mit **R** gekennzeichnet.

**Über den Autor dieser Erläuterung:**
Wolfgang Reitzammer, Studiendirektor a. D., Seminarleiter und -lehrer für
das Fach Sozialkunde, unterrichtete am Christian-Ernst-Gymnasium Erlangen
Deutsch, Sozialkunde und Geschichte; Schulbuchautor, Verfasser didaktischer
Aufsätze, Tätigkeit als Herausgeber, Dozent für Deutsch und Sozialkunde
an der FH und an der Volkshochschule, Verantwortlicher des Kultur-Blogs
www.cooltourist.de.

1. Auflage 2019
**ISBN: 978-3-8044-2001-4**
PDF: 978-3-8044-6001-0, EPUB 978-3-8044-7001-9
© 2019 by Bange Verlag GmbH, 96142 Hollfeld
Alle Rechte vorbehalten!
Titelabbildung: Alfred und seine Großmutter, Inszenierung am Theater in der
Josefstadt in Wien, 2012 © picture alliance / REUTERS
Druck und Weiterverarbeitung: Tiskárna Akcent, Vimperk

## 1.  DAS WICHTIGSTE AUF EINEN BLICK –
## SCHNELLÜBERSICHT

Damit sich jeder Leser in unserem Band rasch zurechtfindet und
das für ihn Interessante gleich entdeckt, hier eine Übersicht:

Im zweiten Kapitel wird **Ödön von Horváths Leben und Werk** kurz
vorgestellt. Dazu wird auch der **zeitgeschichtliche Hintergrund
der Jahre 1918–1938** erläutert.

⇨ S. 10 ff. → Ödön von Horváth wurde **1901** geboren, wuchs in Belgrad,
Budapest, München, Pressburg (heute: Bratislava) und Wien
auf, wo er 1919 das Abitur erfolgreich ablegte. Als Student der
Germanistik und Theaterwissenschaft in München begann er
mit ersten literarischen Versuchen. Ab 1926 kam es zu Inszenierungen seiner ersten Theaterstücke, 1929 erhielt er einen
Vertrag beim Ullstein-Verlag. In den Jahren 1931 und 1932
wurden seine bekannten Volksstücke in Berlin uraufgeführt.
Nach dem „Anschluss Österreichs" an das Deutsche Reich
verließ Horváth Wien. Am 1. Juni **1938** starb er in Paris, weil
er während eines Gewitters von einem herabstürzenden Ast
getroffen wurde.

⇨ S. 15 ff. → Das Volksstück *Geschichten aus dem Wiener Wald* spielt **Ende
der 1920er Jahre** in **Österreich**. Diese Zeit ist geprägt durch
die **Weltwirtschaftskrise**, die auch in Österreich durch hohe
Arbeitslosigkeit spürbar war. Außerdem entwickelte sich eine
zunehmende **innenpolitische Radikalisierung**, begannen
heftige Auseinandersetzungen zwischen sozialdemokratischen
und rechtsnationalen Gruppierungen.

→ Andere bekannte literarische Werke von Ödön von Horváth sind    ⇨ S. 23 ff.
die Theaterstücke *Kasimir und Karoline* (1932), *Glaube Liebe
Hoffnung* (1936) sowie der Roman *Jugend ohne Gott* (1937).

Im dritten Kapitel bieten wir eine Textanalyse und -interpretation.

### *Geschichten aus dem Wiener Wald* – Entstehung und Quellen:

Das Volksstück ist in den Jahren 1928 bis 1931 entstanden. Schon    ⇨ S. 29 f.
in früheren Arbeiten hat sich Ödön von Horváth mit dem Kleinbürgertum und mit der Rolle der Frau beschäftigt. Das Stück erlebte
seine Uraufführung am 2. November 1931 am Deutschen Theater in
Berlin.

### Inhalt:

Das Stück zeigt das Schicksal der Hauptperson Marianne, die ei-    ⇨ S. 31 ff.
gentlich mit dem Metzger Oskar verheiratet werden soll, sich dann
aber in den Schlawiner Alfred verliebt. Sie bekommt von ihm ein
Kind; da er keine regelmäßigen Einkünfte hat, muss sie als Tänzerin
in Nachtklubs Geld dazuverdienen. Am Ende steht Marianne wieder allein da, weil sich Alfred von ihr trennen will, ihr Kind stirbt
und ihr Vater sie verstößt.

### Chronologie und Schauplätze:

Das Drama besteht aus drei Teilen mit jeweils unterschiedlich lan-    ⇨ S. 39 ff.
gen Szenen. Das Geschehen erstreckt sich auf knapp zwei Jahre,
die Handlung spielt an mehreren Orten in Wien, im Wiener Wald
und in der Wachau.

**Personen:**

Die Hauptpersonen sind

### Marianne:

⇨ S. 53 f.
→ 22 Jahre alt
→ einziges Kind des Zauberkönigs Leopold
→ geplante Verlobung mit dem Metzger Oskar
→ Hoffnung auf echte Liebe mit dem Charmeur Alfred
→ Leben in wilder Ehe mit einem unehelichen Kind
→ Engagement als Nackttänzerin in einem Nachtklub
→ endgültig gebrochen nach dem Tod ihres Sohnes

### Alfred:

⇨ S. 54 ff.
→ hat keinen seriösen Beruf
→ verdient etwas Geld mit Pferdewetten
→ lässt sich von der älteren Valerie aushalten
→ übernimmt keine Verantwortung für das Zusammenleben mit
   Marianne und ihrem gemeinsamen Kind

### Oskar:

⇨ S. 60 f.
→ Besitzer einer Metzgerei in Wien
→ als Ehemann von Marianne vorgesehen
→ schwankend zwischen Liebe und Brutalität
→ ist am Ende bereit, Marianne wieder als Frau zu nehmen

### Zauberkönig:

⇨ S. 58 f.
→ Besitzer eines Spielwarenladens in Wien
→ verwitweter Vater von Marianne
→ verstößt die Tochter nach ihrer Liaison mit Alfred
→ Schlaganfall nach der Begegnung mit der Tochter im Nachtklub

**Valerie:**
→ etwa 50-jährige Witwe eines Beamten    ⇨ S. 59
→ besitzt eine Trafik (Zeitschriftenladen) in Wien
→ sucht die Verbindung zu jüngeren Männern (Alfred, Erich)
→ versucht am Ende eine Aussöhnung aller Beteiligten

Die **Personenkonstellation** kann im Kern als **Dreiecksgeschichte**
bezeichnet werden: Marianne steht zwischen den beiden Männern
Oskar und Alfred.

**Stil und Sprache:**

→ Die Sprache der Personen ist im Wesentlichen ein klischeehaf-    ⇨ S. 72 ff.
   ter Bildungsjargon mit Anklängen des Wiener Dialekts.
→ Auffallende Stilmittel sind die entlarvende Komik und Ironie
   sowie die Verwendung von bildlichen Symbolen aus den
   Bereichen heile Welt, Sexualität und Tod.

**Als Interpretationsansätze bieten sich an:**

→ Der Gattungsbezug: Was versteht Horváth unter einem „Volks-    ⇨ S. 77 ff.
   stück"?
→ Das zentrale Motiv: die Dummheit
→ Das Stück als Soziogramm des österreichischen Kleinbürger-
   tums in der Zwischenkriegszeit
→ Die Ware Liebe: Einstellungen zur Zweierbeziehung zwischen
   Käuflichkeit und Empathie
→ Der gescheiterte Versuch einer Emanzipation am Beispiel der
   Hauptperson Marianne
→ Die Musikalität des Theaterstücks
→ Formen der dialogischen Kommunikation im Drama

2.1 Biografie

# 2. ÖDÖN VON HORVÁTH: LEBEN UND WERK

## 2.1 Biografie

Ödön von Horváth
(1901–1938)
© ullstein bild /
ullstein bild

| JAHR | ORT | EREIGNIS | ALTER |
|------|-----|----------|-------|
| 1901 | Sušak bei Fume | Als erster Sohn des ungarischen Diplomaten Dr. Ödön Josef von Horváth (ab 1909 in den Adelsstand erhoben) und seiner Ehefrau Maria Hermine, geb. Prehnal, kommt Ödön (= Edmund) Josip (= Josef) von Horváth am 9. Dezember in Sušak, einem Vorort von Fiume (heute: Rijeka) in Kroatien, zur Welt. | |
| 1902 | Belgrad | Übersiedlung der Familie nach Belgrad. | 1 |
| 1903 | Belgrad | Geburt des Bruders Lajos. | 2 |
| 1908 | Budapest | Übersiedlung der Familie nach Budapest, Ödön erhält ersten Privat-Unterricht in ungarischer Sprache. | 7 |
| 1909 | München | Versetzung des Vaters und Umzug der Eltern nach München. Ödön bleibt vorerst in Budapest und besucht das erzbischöfliche Internat und Gymnasium „Rákóczianum". | 8 |
| 1913 | München | Umzug nach München zu seinen Eltern. Besuch zweier Gymnasien: Kaiser-Wilhelm-Gymnasium (3. Klasse) und Realgymnasium in der Klenzestraße. | 12 |
| 1916 | Pressburg | Übersiedlung der Familie nach Pressburg (heute: Bratislava). Besuch der Oberrealschule in Pressburg; früheste erhaltene literarische Versuche. | 15 |
| 1918 | Budapest | Umzug der Familie nach Budapest. | 17 |

## 2.1 Biografie

| JAHR | ORT | EREIGNIS | ALTER |
|---|---|---|---|
| 1919 | Wien, München | Ödön lebt bei seinem Onkel Josef Prenahl und schafft die Matura (= Abitur) am Privatgymnasium der Salvatorianer in Wien. Danach immatrikuliert er sich an der Ludwig-Maximilians-Universität in München für die Fächer Germanistik, Theaterwissenschaft und Psychologie. | 18 |
| 1920 | München | Kontakt zu dem Komponisten Siegfried Kallenberg (1867–1944). Arbeit an der Ballettpantomime *Das Buch der Tänze*. | 19 |
| 1922 | München | *Das Buch der Tänze* wird in München aufgeführt und im Münchner El-Schahin-Verlag veröffentlicht. | 21 |
| 1923 | München, Murnau | Umzug zu den Eltern nach Murnau am Staffelsee. Intensive schriftstellerische Arbeit (z. B. das Stück *Mord in der Mohrengasse*), gleichzeitig Beendigung des Studiums ohne Abschluss. | 22 |
| 1924 | Berlin | Umzug nach Berlin. In der Satirezeitschrift „Simplicissimus" erscheinen Horváths *Sportmärchen*. | 23 |
| 1926–1929 | Berlin | Drei Stücke von Horváth werden aufgeführt: *Das Buch der Tänze* in Osnabrück (1926), *Revolte auf der Côte 3018* in Hamburg (1927), was ein Misserfolg wurde. Horváth schreibt es um und es wird als *Die Bergbahn* in Berlin erfolgreich aufgeführt (1929). Mit dem Stück *Sladek, der schwarze Reichswehrmann* gelingt Horváth der literarische Durchbruch. Vertrag mit dem Ullstein-Verlag in Berlin. | 25–28 |
| 1930 | Berlin | Horváths erster Roman *Der ewige Spießer* erscheint. Abschluss der Arbeiten an den beiden Volksstücken *Italienische Nacht* und *Geschichten aus dem Wiener Wald*. | 29 |

2.1 Biografie

| JAHR | ORT | EREIGNIS | ALTER |
|------|-----|----------|-------|
| 1931 | Berlin | Uraufführung des Stückes *Italienische Nacht* am 20. März in Berlin. Vernehmung Horváths als Zeuge zu einer von den Nationalsozialisten provozierten Saalschlacht in seinem Wohnort Murnau. Seine Aussage wird durch NSDAP-Zeitungen vehement kritisiert. Horváth erhält den Kleist-Preis (zusammen mit Erich Reger) auf Vorschlag von Carl Zuckmayer, Beginn der Freundschaft zwischen Zuckmayer und Horváth. **Uraufführung der *Geschichten aus dem Wiener Wald*** am Deutschen Theater in Berlin (2. November). Die Erstausgabe der *Geschichten aus dem Wiener Wald* erscheint im Berliner Propyläen Verlag. | 30 |
| 1932 | Berlin | Uraufführung des Volksstückes *Kasimir und Karoline* in Leipzig, Arbeit an dem Stück *Glaube Liebe Hoffnung*. | 31 |
| 1933 | Wien, Budapest | Umzug nach Wien. Beendigung der Arbeit an *Die Unbekannte auf der Seine* und *Hin und her*. Umzug nach Budapest, um die ungarische Staatsbürgerschaft behalten zu können. Heirat mit der jüdischen Opernsängerin Maria Elsner (1905–1983). Das Haus der Eltern in Murnau wird von der SA durchsucht. Horváths Bücher werden in München verbrannt. Die Nationalsozialisten verhindern die Uraufführung von *Kasimir und Karoline*, und auch geplante Aufführungen anderer Stücke finden nicht mehr statt. | 32 |
| 1934 | Berlin | Rückkehr nach Berlin. Veröffentlichung des Stücks *Himmelwärts*, Uraufführung von *Hin und her* in Zürich, Entstehung des Dramenfragments *Der Lenz ist da*. Scheidung von Maria Elsner. | 33 |

## 2.1 Biografie

| JAHR | ORT | EREIGNIS | ALTER |
|---|---|---|---|
| 1935 | Wien | Umzug nach Wien, Verschlechterung der finanziellen Situation wegen der Auflösung des Vertrags mit dem Ullstein-Verlag. Uraufführung von *Mit dem Kopf durch die Wand* in Wien, das bei der Kritik durchfällt. Unter dem Pseudonym H. W. Becker arbeitet Horváth als (Co-)Autor für Filmdrehbücher. | 34 |
| 1936 | Salzburg, Wien | Umzug nach Henndorf bei Salzburg. Intensive Arbeit und Fertigstellung der Stücke *Don Juan kommt aus dem Krieg*, *Ein Dorf ohne Männer*, *Der jüngste Tag*, *Glaube Liebe Hoffnung* und *Figaro lässt sich scheiden*. Treffen mit Carl Zuckmayer, Franz Werfel und Franz Theodor Csokor in Wien. Uraufführung von *Glaube Liebe Hoffnung* in Wien. | 35 |
| 1937 | Salzburg | Der Roman *Jugend ohne Gott* erscheint in Amsterdam und wird in acht Sprachen übersetzt. | 36 |
| 1938 | Budapest, Prag, Paris | Der Roman *Ein Kind unserer Zeit* erscheint in Amsterdam und New York. Nach dem Einmarsch der deutschen Truppen in Österreich (sog. „Anschluss Österreichs") verlässt Horváth Wien und geht nach Budapest, von dort reist er nach Prag und von dort über Jugoslawien, Triest, Venedig, Mailand, Zürich und Amsterdam nach Paris. Hier steht Horváth in Verbindung mit dem amerikanischen Regisseur Robert Siodmak (1900–1973) wegen der Verfilmung von *Jugend ohne Gott*. Horváth wird am 1. Juni während eines Gewitters auf den Champs-Élysées von einem herabstürzenden Ast getötet und am 7. Juni auf dem Friedhof Saint Ouen in Paris bestattet. | 36 |

2.1 Biografie

| JAHR | ORT | EREIGNIS | ALTER |
|------|-----|----------|-------|
| 1988 | | Horváths sterbliche Überreste werden nach Wien transportiert und in einem Ehrengrab auf dem Zentralfriedhof Wien beigesetzt. | |

## 2.2 Zeitgeschichtlicher Hintergrund

ZUSAMMEN-FASSUNG

Das Volksstück *Geschichten aus dem Wiener Wald* spielt am Ende der 1920er Jahre in Österreich. Diese Zeit ist geprägt durch die Weltwirtschaftskrise, die auch in Österreich durch hohe Arbeitslosigkeit spürbar war. Außerdem entwickelte sich eine zunehmende innenpolitische Radikalisierung, begannen heftige Auseinandersetzungen zwischen sozialdemokratischen und rechtsnationalen Gruppierungen.

Konkrete Bezüge zur Zeitgeschichte lassen sich in einigen Szenen direkt nachweisen: Erster Weltkrieg, Antisemitismus und Rassismus, Rivalität der Preußen und Österreicher bzw. der Hohenzollern und Habsburger.

Ödön von Horváth schreibt, das Stück spiele „in unseren Tagen, und zwar in Wien, im Wiener Wald und draußen in der Wachau" (HL S. 2/R S. 6). Es bietet sich also an, den zeitgeschichtlichen Hintergrund der Jahre 1918–1938 vor allem in Bezug auf Österreich in den Blick zu nehmen:

Der **Erste Weltkrieg** endete am 11. November 1918 für die verbündeten Mittelmächte (Österreich-Ungarn, Deutsches Reich, Osmanisches Reich und Bulgarien) mit einer militärischen **Niederlage**, die zu gravierenden territorialen und staatlichen Veränderungen führte. Das Deutsche Reich musste im **Versailler Vertrag** massive Gebietsabtretungen akzeptieren. Schon am 9. November musste Kaiser Wilhelm II. als letzter Amtsträger der Hohenzollern-Dynastie aufgrund des Drucks aus der Bevölkerung, aus der Armee und aus dem Parlament seinen Rücktritt erklären. In einer öffentlichen

Politische Neuordnung nach dem Ersten Weltkrieg

Deutschland

## 2.2 Zeitgeschichtlicher Hintergrund

Erklärung gab der amtierende Reichskanzler Prinz Max von Baden bekannt:

> „Seine Majestät der Kaiser und König haben sich entschlossen, dem Throne zu entsagen. Der Reichskanzler bleibt noch so lange im Amte, bis die mit der Abdankung Seiner Majestät, dem Thronverzicht Seiner Kaiserlichen und Königlichen Hoheit des Kronprinzen des Deutschen Reiches und von Preußen und der Einsetzung der Regentschaft verbundenen Fragen geklärt sind. Es ist beabsichtigt, dem Regenten die Ernennung des Abgeordneten Ebert zum Reichskanzler und die Vorlage eines Gesetzesentwurfes wegen der Ausschreibung allgemeiner Wahlen für eine verfassunggebende deutsche Nationalversammlung vorzuschlagen, der es obliegen würde, die künftige Staatsform des deutschen Volkes, einschließlich der Volksteile, die ihren Eintritt in die Reichsgrenzen wünschen sollten, endgültig festzustellen."[1]

Noch am selben Tag erklärte der SPD-Abgeordnete Philipp Scheidemann Deutschland zur Republik:

> „Das deutsche Volk hat auf der ganzen Linie gesiegt [...]; der Militarismus ist erledigt! Die Hohenzollern haben abgedankt! Er und seine Freunde sind verschwunden, über sie hat das Volk auf der ganzen Linie gesiegt. Der Abgeordnete Ebert ist zum Reichskanzler ausgerufen worden. Ebert ist damit beauftragt, eine neue Regierung zusammenzustellen. Dieser Regierung werden alle sozialistischen Parteien angehören. Jetzt besteht unsere Aufgabe

---

1 Die Abdankung des Kaisers im Dokumentenarchiv online: http://www.documentarchiv.de/wr/1918/abdankung-kaiser_erl.html (Stand Juli 2019).

2.2 Zeitgeschichtlicher Hintergrund

darin, diesen glänzenden Sieg des deutschen Volkes nicht be-
schmutzen zu lassen […]. Das Alte und Morsche, die Monarchie
ist zusammengebrochen. Es lebe das Neue. Es lebe die deutsche
Republik!"[2]

Ähnlich verläuft die Entwicklung in der kaiserlich-königlichen
Monarchie Österreich-Ungarn: **das Reich der Habsburger bricht
auseinander**, es entstehen voneinander unabhängige Nationalstaa-
ten, der verbliebene Kleinstaat Österreich wird unter dem Namen
Deutsch-Österreich zu einer parlamentarischen Republik. Nach
dem Waffenstillstand vom 4. November 1918 und der kurz darauf erfolgten Selbstauflösung der Armee ging die letzte Klammer
verloren, welche die Gesamtmonarchie zusammenhielt. Am 11. November 1918 unterschrieb Kaiser Karl I. von Österreich, dem de
facto längst die Macht abhanden gekommen war, schließlich eine
Erklärung, in der er auf jegliche Beteiligung an den Regierungs-
geschäften in der österreichischen Reichshälfte verzichtete. Zwei
Tage später, am 13. November, folgte eine ähnliche Erklärung für
die ungarische Reichshälfte. Karl weigerte sich jedoch abzudanken,
da er sich von der göttlichen Vorsehung ("von Gottes Gnaden") mit
der Funktion des Monarchen betraut sah. Diese Haltung ist sympto-
matisch für das monarchische Selbstverständnis der Habsburger-
Dynastie. Kaiser Karl starb 1922 im Exil auf der portugiesischen
Insel Madeira.

Erst im Jahre 1919 kam es dann zu endgültigen Friedensver-
trägen mit den Siegermächten. Die deutsche Regierung musste in
Versailles den Vertrag unterschreiben, der neben den Gebietsabtretungen auch Reparationen und die Anerkennung der Kriegsschuld

Österreich

Friedensverträge
1919

---

2   Der Wortlaut zur Ausrufung der Republik online: http://www.novemberrevolution.de/
    dokument.php?key=scheidemannrepublik (Stand Juli 2019).

2.2 Zeitgeschichtlicher Hintergrund

beinhaltete. Am 10. September 1919 unterzeichnete die österreichische Regierung unter Staatskanzler Karl Renner den **Friedensvertrag von St.-Germain-en-Laye**, der ähnlich harte Bedingungen enthielt: nach Abtretung zahlreicher Gebiete verblieb Österreich ein Staatsgebiet mit nur mehr 84.000 km$^2$ und ca. 6,5 Millionen Einwohnern.

**Wahlen 1919**

Schon im Februar 1919 fanden in Österreich die ersten allgemeinen Wahlen zur konstituierenden Nationalversammlung statt, bei denen auch Frauen das gleiche Wahlrecht hatten. Wenige Tage vorher, am 19. Januar 1919 hatte es unter den gleichen Bedingungen Wahlen in Deutschland gegeben, bei denen die SPD zur stärksten Partei wurde. In Österreich bildete sich eine Koalition aus den Sozialdemokraten (SDAP) und den Christlichsozialen (CS).

Die folgenden Jahre waren in Österreich durch verschiedene Probleme geprägt:

**Schwere wirtschaftliche Krisen in den 1920er Jahren**

**Kriegsschulden, Arbeitslosigkeit und Inflation** führten zu schweren wirtschaftlichen Krisen. Immerhin gelang es durch Unterstützung aus dem Ausland (Völkerbundanleihe) und durch die Einführung der neuen Währung des Schillings eine gewisse Stabilität ab dem Jahre 1925 herzustellen. Die **Weltwirtschaftskrise**, ausgelöste durch den „Schwarzen Freitag" in New York macht jedoch diese Erfolge wieder zunichte. Ab 1929 stieg die Arbeitslosigkeit von knapp neun auf 26 Prozent an. Aufgrund der mangelnden Konsumnachfrage gingen viele Selbstständige in Konkurs. Schließlich kam es 1931 noch zu einer **Bankenkrise**, als die größte österreichische Bank, die Österreichische Credit-Anstalt, zusammenzubrechen drohte.

Dieses Bündel wirtschaftlicher Krisen sorgte auch für eine **Verunsicherung des Mittelstandes**. Selbstständige, Kleinbürger, Angestellte, Facharbeiter und Degradierte aus der Aristokratie

2.2  Zeitgeschichtlicher Hintergrund

fürchteten einen weiteren sozialen Abstieg und sahen in der natio-
nalsozialistischen Bewegung eine Hoffnung auf „Arbeit und Brot".
Sie wurden damit vor allem in Deutschland zur Wählerbasis der
NSDAP.

Der **ideologische Gegensatz zwischen den beiden Regie-**
**rungsparteien** nahm zu, bestärkte eine innenpolitische Polarisierung und führte schließlich ab dem Jahre 1929 zu einer unüber-
sehbaren Radikalisierung. Schon 1927 hatten rechtsgerichtete
Frontkämpfer bewaffnete Auseinandersetzungen mit sozialdemokratischen Bürgerwehren geführt, dabei wurden ein Mann und ein
Kind getötet. Weil das Gericht die rechtsradikalen Täter freigesprochen hatte, kam es zu gewaltsamen Demonstrationen in Wien, die
bürgerkriegsähnlichen Charakter annahmen (ca. 90 Tote).

Innenpolitische
Polarisierung

Eine konstruktive Zusammenarbeit der Parteien im Parlament
wurde immer schwieriger, die Zweifel an einer funktionierenden
Demokratie in der Bevölkerung immer größer. So nutzte der ab
1932 amtierende parteilose **Bundeskanzler Engelbert Dollfuß** am
4. März 1933 eine Geschäftsordnungskrise im Nationalrat dazu,
durch einen Bruch der Verfassung das Parlament auszuschalten.
Fortan regierte er das Land fast diktatorisch auf der Basis des Kriegs-
wirtschaftlichen Ermächtigungsgesetzes aus dem Jahre 1917. Im
Mai 1934 beschloss der eigentlich machtlose Nationalrat, in dem
auch alle Mitglieder der verbotenen Sozialdemokratischen Partei
fehlten, eine neue Verfassung, die dem Prinzip einer Kanzlerdiktatur
folgte und an den faschistischen Ständestaat Italien unter Mussolini
erinnerte. Offiziell hieß das Land nun „Bundesstaat Österreich".

Parallel zu den Entwicklungen in Deutschland erlebte Österreich
einen Aufstieg der Nationalsozialistischen Partei unter dem Namen
DNSAP: Deutsche Nationalsozialistische Arbeiterpartei. Diese Partei hatte in Österreich zwar nur bescheidenen Wahlerfolge, wurde
aber durch die deutsche NSDAP massiv gestärkt und unterstützt.

Aufstieg der
Nationalsozialisten

2.2 Zeitgeschichtlicher Hintergrund

1933 wurde die DNSAP in Österreich wegen wiederholtem Terror auf den Straßen verboten. Doch trotz des Verbots blieben die Nationalsozialisten weiter aktiv und planten einen Sturz der Regierung Dollfuß sowie einen „Anschluss Österreichs" an das Deutsche Reich.

Gescheiterter<br>Juliputsch 1934

Am 25. Juli 1934 besetzten bewaffnete Nationalsozialisten das Bundeskanzleramt und die Rundfunkzentrale in Wien. Bundeskanzler Dollfuß wurde an diesem Tag im Amt angeschossen und erlag wenig später seinen Verletzungen. Ähnlich wie Hitlers Putsch 1923 in München blieb dieser Umsturzversuch zunächst aber erfolglos. Jedoch hielt die Situation eines Bürgerkriegs in manchen Bundesländern an.

Auch **Dollfuß' Nachfolger Kurt Schuschnigg** konnte die Lage nicht beruhigen und dem Druck aus dem nördlichen Nachbarland nicht standhalten. 1936 unterzeichnete er ein Abkommen mit Deutschland, das zur Amnestie für alle verhafteten Nationalsozialisten in Österreich führte. 1938 akzeptierte er bei einem Zusammentreffen mit Adolf Hitler in Berchtesgaden **weitergehende Einflussmöglichkeiten Deutschlands auf Österreich**. Weil auch innerhalb Österreichs das Thema „Anschluss an Deutschland" nicht verstummte, entschloss sich Schuschnigg zu einer Volksabstimmung, die am 13. März 1938 hätte stattfinden sollen. Dazu kam es aber nicht mehr, da er von Deutschland zum Rücktritt gezwungen wurde und am 12. März 1938 die deutsche Wehrmacht in Österreich einmarschierte.

Somit hatte Österreich ab diesem Tag aufgehört, ein eigenständiger Staat zu sein. Inwieweit dies auch dem Willen der Bevölkerung entsprach, lässt sich im Nachhinein schwer ergründen, da die Volksabstimmung am 10. April 1938 weder frei noch geheim war und das Ergebnis von 99,73 Prozent Zustimmung einem heutigen Wahlprüfungsausschuss keineswegs standhalten würde.

2.2 Zeitgeschichtlicher Hintergrund

Die Entwicklung Deutschlands und Österreichs weist somit in den Jahren 1918–1938 bemerkenswerte Parallelitäten auf:

→ Militärische Niederlage

Parallelen 1918–1938

→ Abdankung des Kaisers

→ Demokratische Wahlen

→ Republikanische Verfassung

→ Problematische Friedensverträge

→ Innenpolitische Krisen

→ Aufstieg der nationalsozialistischen Kräfte

→ Auflösung der Demokratie

→ Machtübernahme durch die Nationalsozialisten

Direkte Bezüge zur Zeitgeschichte finden sich in dem Stück *Geschichten aus dem Wiener Wald* relativ wenige. Gleich am Anfang erläutert Horváth, das Stück spiele „in unseren Tagen", also etwa im Jahre 1931.

Bezüge zur Zeitgeschichte in Horváths Stück

Im Stück selber ist dann vor allem der Rittmeister eine Figur mit direkten historischen Bezügen. In 1, II klagt er gegenüber Valerie, dass er nicht noch den Rang eines Majors erreicht hat: „Wenn der Krieg nur vierzehn Tage länger gedauert hätt, dann hätt ich heut meine Majorspension." (HL S. 10/R S. 16). Valerie greift diesen Gedanken auf und präsentiert die damals häufig zu hörenden These: „Wenn der Krieg vierzehn Tag länger gedauert hätt, dann hätten wir gesiegt." (ebd.). Damit wird auf die sogenannte **„Dolchstoß-Legende"** verwiesen, die besagt, die Armee sei im Ersten Weltkrieg gar nicht militärisch besiegt worden, sondern die Niederlage sei nur durch die mangelnde Unterstützung der politischen Kräfte von links verursacht.

In 1, III wird auf den um sich greifenden **Antisemitismus und Rassismus** auch in Österreich verwiesen. Der deutsche Jurastudent Erich wünscht Oskar und Marianne bei deren Verlobung „viele brave

## 2.2 Zeitgeschichtlicher Hintergrund

deutsche Kinder" und grüßt mit „Heil", Valerie ergänzt: „Nur keine Neger! Heil!" (HL S. 20/R S. 29). Erich fühlt sich zunächst ironisch kritisiert und betont seine klare Haltung zum „Rassenproblem". Die angeheiterte Valerie beruhigt ihn aber gleich: „Ja glaubens denn, dass ich die Juden mag?" (ebd.). In derselben Szene bedauert Erich, dass er erst 1911 geboren worden sei und somit am Ersten Weltkrieg (1914–1918) noch nicht habe teilnehmen können.

In 2, VI streiten sich der Rittmeister und Erich über die militärische Leistungsfähigkeit der Preußen und der Österreicher. Erich bezeichnet die Österreicher als „schlappe Kerle" (HL S. 44/R S. 61), der Rittmeister gibt zu bedenken, dass erst die Deutschen für den Krieg verantwortlich seien. Außerdem verweist er auf die viel längere **Tradition der Dynastie der Habsburger**: „Wo waren denn Ihre Hohenzollern, als unsere Habsburger schon römisch-deutsche Kaiser waren?!" (HL S. 45/R S. 62). **Preußisch-deutsche Traditionen** werden auch in 3, I angesprochen, als der Conférencier im Nachtklub eine Szene mit dem Zeppelin ankündigt, begleitet von der Melodie „Fridericus rex". Das Publikum stimmt darauf die erste Strophe des Deutschlandliedes an!

Schließlich blättert in 3, III der Zauberkönig in einer aktuellen Zeitung und kommentiert: „Was sich da nur die Tschechen wieder herausnehmen! […] morgen gibts wieder einen Krieg!" (HL S. 68/R S. 92). Dies bezieht sich auf die 1930 gewünschte **Zollunion** zwischen Österreich und Deutschland, die aber vor allem von der Tschechoslowakei abgelehnt wurde.

2.3   Angaben und Erläuterungen zu wesentlichen Werken

## 2.3 Angaben und Erläuterungen zu wesentlichen Werken

ZUSAMMEN-FASSUNG

Ödön von Horváths Gesamtwerk, das in etwa zwölf Jahren seiner Lebenszeit entstanden ist, umfasst ca. 20 Dramen, drei Romane und etwas Kurzprosa. In den einschlägigen Literaturgeschichten wird er vor allem als Schriftsteller gewürdigt, der die Tradition des (österreichischen) Volksstücks aufgegriffen hat, dieses allerdings in eine scharfe Satire verwandelt hat, die den kleinbürgerlichen Nährboden des wachsenden Faschismus seit 1929 analysierte.

### Das Frühwerk

Horváths Frühwerk ist ziemlich in Vergessenheit geraten. In seinen 1923/24 entstandenen und in der Zeitschrift „Simplicissimus" erschienenen *Sportmärchen* **zeichnet Horváth satirisch die Entwicklung des Sports** in seiner Zeit. Insgesamt waren es 27 kurze Texte unter dieser Überschrift. Als Beispiel sei hier *Start und Ziel* genannt:

> „Manchmal plaudern Start und Ziel miteinander.
> Es sagt das Ziel: ,Stände ich nicht hier – – – wärest du ziellos!'
> Und der Start sagt: ,Das ist schon richtig; doch denke:
> wäre ich ziellos – – – was dann?'
> ,Das wäre mein Tod.'
> Da lächelt der Start: ,Jaja – – – so ist das Leben, Herr Vetter!'"[3]

*Sportmärchen*
(1923/24)

---

3   Dieses und weitere *Sportmärchen* online: https://gutenberg.spiegel.de/buch/sportmarchen-2913/2 (Stand Juli 2019).

2.3  Angaben und Erläuterungen zu wesentlichen Werken

„Horváth […] kritisierte in seinen ‚Märchen' das übertriebene Leistungsdenken im professionellen Sportbetrieb sowie dessen Kommerzialisierung, aber auch die Selbstüberschätzung und Dummheit der Amateure. Seiner Meinung nach ging dadurch der eigentliche Sinn des Sports, nämlich körperliche Selbsterfahrung und das damit verbundene Glücks- und Wohlbefinden, verloren."[4]

*Mord in der Mohrengasse (1923/24)*

Seine **erste vollständig erhaltene Arbeit** für das Theater ist das dreiaktige Kriminalstück *Mord in der Mohrengasse* von 1923/24. Das Schauspiel hat einen Handlungszeitraum von zwölf Stunden. Zu diesem Zeitpunkt lebte er noch in Murnau (Oberbayern), erst durch den Umzug nach Berlin (1926) gewann er Anschluss an den berühmten Ullstein-Verlag. Dies ermöglichte ihm ein Auskommen als freier Schriftsteller. Auch die Bekanntschaft mit Franz Werfel und Carl Zuckmayer öffnete ihm Türen in die Welt der kommerziellen Literatur.

### Dramen

Erst durch seine zwischen 1927 und 1933 entstandenen sogenannten Volksstücke **erlangte Horváth Berühmtheit**. Er beschreibt darin die soziale Situation der Kleinbürger, die in die sozialen und politischen Auswirkungen der Weltwirtschaftskrise verstrickt sind.

*Italienische Nacht (1931)*

1931 wurde das Stück *Italienische Nacht*, ein Drama in sieben Bildern, in Berlin uraufgeführt. Thema ist die Blindheit der Gegner der Hitler-Partei gegenüber dem Ausmaß der faschistischen Gefahr. Der Titel *Italienische Nacht* bezieht sich auf das gleichnamige **Motto eines Volksfests**, das die Sozialdemokraten einer süddeutschen Kleinstadt organisiert haben. Der Protest der jüngeren

---

4  Krischel, S. 17.

2.3   Angaben und Erläuterungen zu wesentlichen Werken

Parteimitglieder gegen gemütliche Tanzabende angesichts der
Schießübungen und Aufmärsche der Nationalsozialisten bleibt wir-
kungslos. Wortführer der Jungen ist Martin, der sein Privatleben
mit dem politischen Kampf verknüpft: Er zwingt seine Braut, sich
mit SA-Leuten einzulassen, um deren Bewaffnung und Kampfstärke
auszuspionieren. Während der „Italienischen Nacht", der im selben
Biergarten ein „Deutscher Tag" der Faschisten vorausgeht, wirft
Karl der Parteiführung Trägheit und Ziellosigkeit vor und sprengt
damit das Fest. Ein Schlägertrupp der NSDAP dringt ein, um die
Verschandelung des Kaiserdenkmals am Initiator des Festes, dem
SPD-Stadtrat, zu rächen. Mit knapper Not bleibt dieser vor der Miss-
handlung bewahrt. Dennoch versagt er sich als Repräsentant der
verbürgerlichten Generation von Sozialisten, die Politik mit Vereins-
wesen gleichsetzt, der Einsicht in die Unterhöhlung des Staatswe-
sens. Sein unerschütterlicher Grundsatz lautet: „Solange es einen
republikanischen Schutzverband gibt, [...] so lange kann die Republik ruhig schlafen."[5] Horváth, der Hitler schon im Jahre 1929 in
einer Privatgesellschaft kennengelernt hatte, warnte immer wieder
vor den Nationalsozialisten und enthüllt in diesem Stück die gefähr-
liche Trägheit mancher linker, aber etablierter Parteivertreter.

Neben den *Geschichten aus dem Wiener Wald* (1931) gehört
*Kasimir und Karoline* (1932), ein Drama in neun Bildern, zu Horváths
erfolgreichsten Volksstücken. Als Schauplatz dient das **Münchner
Oktoberfest**. Im lärmenden Rummel geraten der soeben arbeitslos
gewordene Chauffeur Kasimir und seine Braut Karoline, eine kleine
Angestellte mit dem Hang zum Höheren, in Streit und trennen sich.
Karoline findet in dem Kanzlisten Schürzinger einen neuen Beglei-
ter; die zufällige Begegnung mit dessen Chef, dem Kommerzienrat

*Kasimir und
Karoline* (1932)

---

5   Der vollständige Text des Dramas auch online: https://gutenberg.spiegel.de/buch/italienische-
    nacht-2907/2 (Stand Juli 2019).

2.3   Angaben und Erläuterungen zu wesentlichen Werken

Rauch, weckt in Karoline Ambitionen, zumal Rauch offensichtlich Gefallen an ihr findet und es so einzurichten weiß, dass Schürzinger die beiden allein lässt. Inzwischen hat sich Kasimir dem Gaunerduo Franz und Erna angeschlossen; während Franz das Auto Rauchs ausraubt, stehen Kasimir und Erna Schmiere. Doch das „Karussell" dreht sich weiter: Rauch, der nach einer Herzattacke in der Sanitätsstation aufwacht, will nichts mehr von Karoline wissen, so dass Schürzinger zum Zuge kommt, während Kasimir Erna tröstet, deren Franz ertappt und von der Polizei abgeführt worden ist: „Und die Liebe höret nimmer auf" – so lautet ironisch das Motto dieser „Ballade von stiller Trauer, gemildert durch Humor" (Horváth).

Das Bühnengeschehen ist in 118 Einzelszenen unterteilt. Ihr rascher Wechsel entspricht sowohl der Volksfestatmosphäre als auch der Brüchigkeit der Beziehungen zwischen den Personen. Vielfach bildet **Musik** (ein Marsch, ein vom Publikum mitgesungener Schlager) das Thema einer Szene. Ein wesentliches Mittel der sozialen Charakterisierung ist die Sprache vom derben **Dialekt** bis zur gehobenen Ausdrucksweise, wobei dem „Bildungsjargon" als Resultat der „Zersetzung der eigentlichen Dialekte" durch das Kleinbürgertum besondere Bedeutung zukommt.

*Glaube Liebe Hoffnung* (1936)

In seinem letzten Volksstück *Glaube Liebe Hoffnung* (1936) erinnert Horváth an den Bibeltext aus dem ersten Brief an die Korinther: „Nun aber bleiben Glaube, Hoffnung, Liebe, diese drei; aber die Liebe ist die größte unter ihnen." Doch der Untertitel „Ein kleiner Totentanz" relativiert diese positiv gemeinten Begriffe. Weder Glaube noch Liebe noch Hoffnung retten die Protagonistin Elisabeth. Aufgrund der schlechten Zeiten ist sie in eine **soziale Notlage** geraten. Durch Kontakte mit einem Präparator in einem Anatomischen Institut (der ihr Geld leiht) und mit einem Polizisten (der ihr die Ehe verspricht) versucht sie, wieder Boden unter den Füßen zu bekommen. Bald aber wenden sich beide von ihr ab, Elisabeth

2.3   Angaben und Erläuterungen zu wesentlichen Werken

stürzt sich aus Verzweiflung in einen Fluss und stirbt wenig später. Elisabeths Leidensweg erinnert stark an das Schicksal der Marianne aus den *Geschichten aus dem Wiener Wald* – hin- und hergerissen zwischen den Männern Oskar und Alfred. Kurt Bartsch zieht das Fazit, Horváth demaskiere in diesem Stück

> „nicht nur den miesen Charakter des Kleinbürgers, der an den schwächsten Gliedern der Gesellschaft, den Frauen, seinen Totentanz inszeniert, sondern erkennt im letzten seiner Dramen vor der Machtübernahme durch die Nationalsozialisten wie auch schon in den vorangegangenen Volksstücken hellsichtig die Todgeweihtheit dieses Kleinbürgertums und das Erstarken des militaristischen Spießertums"[6].

## Romane

In seinen beiden Romanen *Jugend ohne Gott* (1937) und *Ein Kind unserer Zeit* (1938) befasst sich Horváth mit den Auswirkungen der faschistischen Ideologie.

1937 erschien in der Emigration der Roman *Jugend ohne Gott*. Der Ich-Erzähler, ein idealistisch gesinnter Lehrer, erlebt unmittelbar vor der nationalsozialistischen Machtergreifung die **Anzeichen des kommenden Unheils**, und zwar am Verhalten seiner Klasse. Den Schülern ist alles Denken verhasst, sie pfeifen auf den Menschen, ihr Ideal ist eine Art von unmenschlichem Zynismus. Die Spannungen innerhalb der Klasse eskalieren bei einem Aufenthalt in einem vormilitärischen Ausbildungslager bis hin zu einem Mord, ausgehend vom Diebstahl eines Fotoapparats. Der Lehrer wird selbst an der Eskalation mitschuldig, als er bei seinen heimlichen

*Jugend ohne Gott*
(1937)

---

6   Bartsch, S. 97.

2.3   Angaben und Erläuterungen zu wesentlichen Werken

Nachforschungen das Kästchen, in dem ein Schüler sein Tagebuch aufbewahrt, beschädigt und dies aus Feigheit verschweigt. Verstrickt in ein Leben des Elends und der Widersprüche, richtet sich seine Hoffnung auf die göttliche Gnade; unmittelbar von Gott angerufen, leistet er schließlich seinen Beitrag zur Enthüllung des Verbrechens und gibt damit auch anderen Zeugen Mut. Dennoch emigriert er im Bewusstsein der Ohnmacht nach Afrika.

*Ein Kind unserer Zeit* (1938)

In *Ein Kind unserer Zeit* (1938) schildert ein junger Soldat, wie er aufgrund seiner Erfahrungen einen **Bewusstseinswandel** durchmacht. Vom obrigkeitshörigen unkritischen Mitläufer, für den das Schicksal des Einzelnen nicht zählt und der nach der Parole „Ohne Lüge gibt's kein Leben" agiert, geht ihm der Sinn für die Verantwortlichkeit der Einzelmenschen auf. Er erkennt, dass er Opfer der völkischen Politik und des militaristischen Kollektivismus geworden ist. Trotzdem zeigt der Sprachgebrauch des Soldaten/Erzählers, dass er nach wie vor dem faschistischen Sprachduktus verfallen ist. Er bleibt ein Kind seiner Zeit. Der Protagonist setzt sich schließlich dem Erfrierungstod aus in der Erwartung: Die Kälte wird wärmer werden, wärmer als die unter den Menschen herrschende Gefühlskälte.

1953 erschien *Jugend ohne Gott* zusammen mit *Ein Kind unserer Zeit* unter dem gemeinsamen Obertitel *Zeitalter der Fische*, bezogen auf die gleichsam geschichtsastrologische Feststellung: Die Erde dreht sich in das Zeichen der Fische hinein. Da wird die Seele des Menschen unbeweglich wie das Antlitz eines Fisches.

## 3. TEXTANALYSE UND -INTERPRETATION

## 3.1 Entstehung und Quellen

ZUSAMMEN-
FASSUNG

Das Stück *Geschichten aus dem Wiener Wald* ist in den Jahren 1928 bis 1931 aus dem Milieu und dem Figurenkreis anderer Arbeiten entstanden. Schon in früheren Werken hat sich Ödön von Horváth mit dem Kleinbürgertum und mit der Rolle der Frau beschäftigt. Das Volksstück erlebte seine Uraufführung am 2. November 1931 am Deutschen Theater in Berlin.

Das Theaterstück ist in den Jahren 1928 bis 1931 entstanden. Der Literaturwissenschaftler Traugott Krischke hat den Nachlass von Ödön von Horváth ausgewertet und kommt zu dem Ergebnis:

„Das umfangreiche, oftmals in mehreren Kopien aufgefundene, mit handschriftlichen Notizen versehene Material der Vorarbeiten zu *Geschichten aus dem Wiener Wald* ist nicht vollständig. Viele Blätter wurden vernichtet, viele Blätter gingen verloren. Was erhalten blieb, sind Zettel, Blätter mit handschriftlichen Notizen, sind Szenen und Fragmente"[7].

Unvollständiges
Material der
Vorarbeiten

Gesichert ist, dass sich das Stück allmählich aus dem Milieu und dem Figurenkreis anderer Arbeiten entwickelte. In dem 1927 verfassten, aber erst 1969 uraufgeführten Bühnenstück *Rund um den Kongress* wurde das brisante Thema des Mädchenhandels aufgegriffen. In den Konzepten zu den Stücken *Die Mädchenhändler*, *Von*

---

7    Krischke, 1983, S. 29.

3.1    Entstehung und Quellen

*Kongress zu Kongress* und *Elisabeth, die Schönheit von Thüringen* sowie in der 1929 veröffentlichten Erzählung *Das Fräulein wird bekehrt* taucht immer wieder der **Topos des schutzlosen, sexuell bedrohten Fräuleins** auf. Auch in Horváths Prosatext *Sechsunddreißig Stunden* (1929) finden sich **Studien aus dem kleinbürgerlichen Milieu**. Der Text *Ein Fräulein wird verkauft* sowie das Dramenfragment *Die Schönheit aus der Schellingstraße* können bereits als direkte Vorarbeiten zu den *Geschichten aus dem Wiener Wald* gezählt werden.

Den weiteren Fortgang skizziert Klaus Kastberger wie folgt: „Unter dem Titel *Geschichten aus dem Wiener Wald* dimensionierte er sein Stück neu: Aus Agnes wurde Marianne, an die Stelle des Vaters trat ein Hofrat"[8], zudem wurde der Handlungsort von München nach Wien verlegt. In der Endfassung, die der Ullstein-Verlag 1931 zum Theatervertrieb brachte, wurde der Hofrat durch den Zauberkönig ersetzt, aus einer Luise wurde die Trafikantin Valerie. Hajo Kurzenberger fasst die letzten Formungen zusammen: es erfolgt eine „zunehmende Präzisierung des sprachlichen Details" und das „Auffüllen der frühen Texte durch vorgeprägtes Sprachmaterial".[9]

Am 5. Juli 1931 erschien eine Meldung in der „Wiener Allgemeinen Zeitung", dass Horváth die *Geschichten aus dem Wiener Wald* beendet habe. Die Proben am Deutschen Theater in Berlin begannen unter der Leitung von Regisseur Heinz Hilpert Mitte September 1931. Am 2. November 1931 fand die Uraufführung des Volksstücks statt.

---

8    Kastberger/Streitler 2009, S. 226.
9    Kurzenberger, S. 58 f.

## 3.2 Inhaltsangabe

ZUSAMMEN-FASSUNG

Das Stück *Geschichten aus dem Wiener Wald* zeigt das Schicksal der Hauptperson Marianne, die eigentlich mit dem Metzger Oskar verheiratet werden soll, sich dann aber in den Schlawiner Alfred verliebt. Sie bekommt von ihm ein Kind; da er keine regelmäßigen Einkünfte hat, muss sie als Tänzerin in Nachtklubs Geld dazuverdienen. Am Ende steht Marianne wieder allein da, weil sich Alfred von ihr trennen will, ihr Kind stirbt und ihr Vater sie verstößt.

### Erster Teil
Szenen I–IV

### Szene I: Draußen in der Wachau
Alfred besucht seine Mutter in der Wachau. Sein Freund Ferdinand Hierlinger hat ihn mit seinem Auto gefahren und die etwa 50 Jahre alte Kanzleiobersekretärswitwe Valerie mitgebracht. Man erfährt, dass Alfred für Valerie Pferderennen-Wetten platziert, die Gewinne an sie aber nicht ehrlich auszahlt. Zu seiner Mutter sagt er, er betreibe selbstständig Finanzierungsgeschäfte. Diese bedauert, dass er noch keine Ehefrau gefunden hat. Von der achtzigjährigen Großmutter hatte Alfred sich Geld geliehen, dieses fordert sie zurück, aber er vertröstet sie.

Alfred vertröstet seine Großmutter

### Szene II: Stille Straße im achten Bezirk
Dort befinden sich drei Läden: eine Metzgerei, eine Puppenklinik „Zum Zauberkönig", in der man auch Spielwaren und Scherzartikel kaufen kann, und eine kleine „Tabak-Trafik", ein Laden für Zeit-

3.2 Inhaltsangabe

schriften und Tabakwaren. Metzger Oskar steht vor seinem Geschäft, der vorübergehende Rittmeister macht ihm Komplimente wegen der guten Blutwurst. Oskar muss zur Totenmesse für seine Mutter, die vor genau einem Jahr gestorben ist. Valerie tritt aus ihrer Trafik heraus, Marianne begleitet eine Kundin aus der Puppenklinik, wo ihr Vater, der Zauberkönig, im ersten Stock nach seinen Sockenhaltern sucht. Oskar spricht mit Marianne über die bevorstehende Verlobung und Hochzeit, das Verhältnis zwischen den beiden scheint aber etwas angespannt zu sein. Der Zauberkönig warnt Oskar, er würde seine Tochter zu gut behandeln („Patriarchat, kein Matriarchat!", HL S. 14/R S. 21). Alfred kommt in die Straße, erblickt Marianne und ist von ihr beeindruckt. Valerie ist sofort eifersüchtig und meint zu Alfred, es sei wohl das Beste, wenn sie sich trennen würden.

**Angespanntes Verhältnis zwischen Marianne und Oskar**

### Szene III: Am nächsten Sonntag im Wiener Wald

Der Zauberkönig, seine Tochter Marianne, ihr zukünftiger Ehemann Oskar, Valerie und ihr „Freund" Alfred machen einen Sonntagsausflug in den Wiener Wald, wo sie sich am Ufer der Donau niederlassen. Dabei ist auch Erich, der Neffe des Zauberkönigs, eine Jurastudent aus Dessau. Der Zauberkönig verkündigt die Verlobung von Marianne und Oskar, Alfred gratuliert Marianne mit einem langen Handkuss. Danach gibt es Pfänderspiele und man kleidet sich um zum Bad in der Donau. Die mittlerweile schon beschwipste Valerie beschimpft Alfred, wenig später lässt sie sich vom Zauberkönig und auch vom jungen Erich küssen.

**Verlobung Marianne und Oskar im Wiener Wald**

### Szene IV: An der schönen blauen Donau

Es kommt zu einer Liebesszene zwischen Marianne und Alfred. Doch er offenbart ihr, dass er kein Geld hat und die geplante Verlobung mit Oskar eigentlich nicht zerstören will. Der Zauberkönig

**Bruch der Verlobung durch Marianne**

3.2  Inhaltsangabe

Olivia Grigolli als
Marianne und
Karlheinz Hackl
als Alfred an der
Donau, Inszenie-
rung am Wiener
Burgtheater 1987
© picture alliance /
IMAGNO / Votava

hat alles beobachtet und fordert: „Diese Verlobung darf nicht platzen" (HL S. 28/R S. 38). Doch seine Tochter widersetzt sich – „Jetzt
bricht der Sklave seine Fessel" (HL S. 29/R S. 40) – und der Vater
verstößt sie darauf. Marianne aber will die Verbindung mit Alfred –
und von ihm ein Kind.

**Zweiter Teil**
Szenen I–VII

### Szene I: Wieder in der stillen Straße im achten Bezirk
Der Metzgergeselle Havlitschek erzählt einem Fräulein Emma vom
Liebeskummer seines Chefs Oskar, den seine Verlobte Marianne
vor einem Jahr hat sitzen lassen. Er verabredet sich mit Emma für

Ein Jahr später

3.2   Inhaltsangabe

den morgigen Nachmittag. An seinen Chef richtet er die tröstenden
Worte „Weiber gibts wie Mist!" (HL S. 31/R S. 44).

### Szene II: Möbliertes Zimmer im achtzehnten Bezirk

Marianne und
Alfred leben
mit ihrem Kind
in ärmlichen
Verhältnissen

Dialog zwischen Marianne und Alfred in einem ärmlichen Zimmer
genau ein Jahr, nachdem sie sich zum ersten Mal gesehen haben:
Marianne hat ein Kind bekommen, Alfred ist Vertreter für Haut-
creme, verdient aber fast nichts. Er will, dass das Kind zu seiner
Mutter in die Wachau gebracht wird („Wir können doch nicht drei
Seelen hoch in diesem Loch vegetieren! Das Kind muss weg!", HL
S. 33/R S. 46).

### Szene III: Kleines Café im zweiten Bezirk

Alfred möchte
die Beziehung
beenden

Alfred trifft seinen Freund Ferdinand Hierlinger beim Billardspiel
und klagt ihm sein Leid; er möchte „möglichst schmerzlos für
alle Teile aus dieser unglückseligen Bindung herauskomm[en]!"
(HL S. 36/R S. 50). Hierlinger will sich nach einer Arbeit für
Marianne umsehen: bei einem Frauenballett für elegante Etablissements. Marianne kommt dazu und zeigt Alfred ihr Amulett des hei-
ligen Antonius.

### Szene IV: Bei der Baronin mit den internationalen Verbindungen

Marianne nimmt
Arbeit als Tänze-
rin an

Hierlinger bringt Marianne zu einer Baronin, die sie in eine Tanz-
truppe einbauen will. Die blinde Schwester der Baronin begleitet
Marianne am Spinett bei einem Gesangsversuch.

### Szene V: Draußen in der Wachau

Sohn Leo-
pold kommt zu
Alfreds Familie

Alfred besucht seine Mutter und seinen Sohn Leopold. Die Großmutter bietet ihm Geld an, wenn er sich von Marianne trennt („wenn
du dich jetzt von deinem Marianderl trennst, dann tät ich dir was
leihen", HL S. 42/R S. 58), und empfiehlt ihm, geschäftlich nach

3.2 Inhaltsangabe

Frankreich zu gehen („Dort gehts jetzt noch am besten, hab ich in der Zeitung gelesen.", HL S. 42 f./R S. 59).

## Szene VI: Und wieder in der stillen Straße im achten Bezirk

Der Rittmeister lobt beim Fleischhauer Oskar dessen vorzügliche Blutwurst. Bei Valerie im Zeitschriftenladen ist Erich, ihr neuer junger Liebhaber. Erich, der leidenschaftliche Preuße und Anhänger der Hohenzollern-Dynastie, gerät mit dem Rittmeister über die deutsch-österreichische Geschichte in einen Streit. Alfred kommt in die Straße und ins Gespräch mit Valerie; er erklärt, dass er Marianne wohl aus den Augen verlieren und auf Arbeitssuche nach Frankreich gehen wird. Oskar hat alles mitgehört – würde er Marianne unter diesen Umständen wieder nehmen? „Wenn sie das Kind nicht hätt […] Ich hab sie noch immer lieb – vielleicht stirbt das Kind" (HL S. 47/R S. 64).

*Alfred will nach Frankreich und Oskar Marianne zurück*

## Szene VII: Im Stephansdom

Marianne muss sich die Vorwürfe ihres Beichtvaters anhören: Ungehorsam gegenüber dem Vater, Verlassen des Bräutigams (Oskar), Empfangen eines unehelichen Kindes, das zudem nicht getauft wurde, dazu noch ein (gescheiterter) Abtreibungsversuch. Sie kann aber keine erwartete Reue äußern, weil sie über das Kind sogar glücklich ist. Der Beichtvater verweigert die Absolution und Marianne fragt sich: „Wenn es einen lieben Gott gibt […] Was hast du mir mit vor, lieber Gott?" (HL S. 49/R S. 67).

*Marianne bereut nicht*

3.2 Inhaltsangabe

## Dritter Teil
Szenen I–VI

### Szene 1: Beim Heurigen

Eine ausgesprochen heitere und trinkfreudige Runde sitzt beim Heurigen. Der Zauberkönig ist „wieder der alte" (HL S. 50/R S. 69). Der Rittmeister bringt noch einen Bekannten, den Mister aus Amerika, in die Runde. Der Rittmeister thematisiert kurz das Schicksal von Marianne, aber keiner will darüber reden. Auf Vorschlag des Misters wechseln sie die Lokalität und ziehen weiter in die Nachtbar „Maxim". Valerie flirtet mit allen vorhandenen Männern, auch mit dem Mister. Ein Conférencier kündigt die einzelnen Show-Nummern in dem Nachtlokal an: „lebendige Aktplastiken" (HL S. 58/R S. 78): Donaunixen, unser Zeppelin, Jagd nach dem Glück heißen die Themen. Beim letzten Bild steht Marianne nackt auf einer goldenen Kugel, Valerie schreit und der Vorhang fällt. Der Rittmeister erklärt, dass er schon wusste, dass Marianne hier auftritt. Diese kommt im Bademantel zu ihrem Vater, der ungerührt antwortet, er sei nicht ihr Papa. Sie erklärt ihm ihre Notlage und droht: „Ich wirf mich noch vor den Zug" (HL S. 61/R S. 83). Der Mister zeigt Marianne seine Geldscheine in der Brieftasche und behauptet dann, sie habe ihn bestohlen.

*Der Zauberkönig sieht seine Tochter als Nackttänzerin, die zu Unrecht als Diebin beschuldigt wird*

### Szene II: Draußen in der Wachau

*Marianne ist im Gefängnis*

Alfred hatte sich von der Großmutter wieder Geld geborgt und dieses prompt verspielt. Marianne ist – so hört man – im Untersuchungsgefängnis. Der Großmutter wäre es am liebsten, wenn der kleine Leopold „hin wäre" (HL S. 64/R S. 86). In der Nacht hat sie das Kind vor dem offenen Fenster in den Zug gestellt.

ÖDÖN VON HORVÁTH

3.2  Inhaltsangabe

Die Großmutter (Erni Mangold) überreicht Marianne (Alma Hasun) den Brief mit der Nachricht ihres verstorbenen Kindes, im Hintergrund der Zauberkönig (Erwin Steinhauer), Inszenierung am Theater in der Josefstadt in Wien 2012
© picture alliance / REUTERS

**Szene III: Und abermals in der stillen Straße im achten Bezirk**
Valerie startet mehrere Versöhnungsversuche, sie trennt sich halbwegs friedlich von Erich und will Marianne, die Gefängnis auf Bewährung erhalten hat, mit ihrem Vater und mit Oskar wieder zusammenbringen. Oskar und Alfred sehen sich beide als naive „Opfer" von Marianne und ihrem „Alles-oder-Nichts-Standpunkt" (HL S. 68/R S. 91). Der Zauberkönig schließt nach einem kleinen Schlaganfall sein Geschäft. Alfred verteidigt sich: „Was kann ich denn dafür, dass ich auf die Frauen so stark wirk?!" (HL S. 70/ R S. 94). Valerie gibt ihm erneut 50 Schilling als Wetteinsatz. Marianne taucht auf, Oskar würde sie sofort wieder heiraten, wenn

3.2 Inhaltsangabe

**Valerie möchte die Menschen miteinander versöhnen**

nicht das Kind da wäre. Valerie befiehlt: „Jetzt wird versöhnt" (HL S. 72/R S. 96). Und mit floskelhaften Sprüchen wird Schuld abgewälzt. Marianne geht in den Laden ihres Vaters.

### Szene IV: Draußen in der Wachau

**Leopold ist gestorben, Marianne verzweifelt**

Die Großmutter diktiert der Mutter einen Brief an Marianne, in dem der Tod des kleinen Leopold mitgeteilt wird. Plötzlich kommt die ganze Gruppe aus Wien und will mit dem Kind eine Art Versöhnung feiern. Als sie erfahren, dass das Kind an einer Lungenentzündung gestorben ist, will Marianne die Großmutter mit einer Zither erschlagen, der Zauberkönig erleidet einen weiteren Schlaganfall. Alfred berichtet von seinem Wettgewinn (84 Schilling), den er für seinen Sohn verwenden wollte. Marianne hadert mit Gott und ihrem Schicksal, doch Oskar droht: „du wirst meiner Liebe nicht entgehn" (HL S. 77/R S. 103). Darauf Marianne mit dem Schlusssatz: „Ich kann nicht mehr." (ebd.).

3.3 Aufbau

## 3.3 Aufbau

Das Theaterstück besteht aus drei Teilen – man könnte auch
von Akten sprechen, die wiederum in mehrere Szenen un-
tergliedert sind. Die Bauform des klassischen Dramas ist bewusst vermieden; vielmehr könnte man von einem zirkulären
Aufbau sprechen.

Das Geschehen erstreckt sich auf knapp zwei Jahre, die Handlung spielt an mehreren Orten in Wien, im Wiener Wald und
in der Wachau.

| TEIL, SZENE | ORT | PERSONEN |
|---|---|---|
| Erster Teil: Szene I | Draußen in der Wachau | Mutter, Alfred, Groß-mutter, Ferdinand Hierlinger, Valerie |
| Erster Teil: Szene II | Stille Straße im achten Bezirk (Wien) | Oskar, Ida, Havlitschek, Rittmeister, Valerie, gnädige Frau, Marianne, Zauberkönig, Alfred |
| Erster Teil: Szene III | Im Wiener Wald | Zauberkönig, Oskar, erste Tante, zweite Tante, Valerie, Alfred, Erich, Marianne, Ida |
| Erster Teil: Szene IV | An der schönen blauen Donau | Alfred, Marianne, Zauberkönig, Oskar, Valerie |
| Zweiter Teil: Szene I | Stille Straße im achten Bezirk (Wien) | Havlitschek, Fräulein Emma, Oskar |
| Zweiter Teil: Szene II | Möbliertes Zimmer im achtzehnten Bezirk (Wien) | Marianne, Alfred |

3.3  Aufbau

| TEIL, SZENE | ORT | PERSONEN |
|---|---|---|
| Zweiter Teil: Szene III | Kleines Café im zweiten Bezirk (Wien) | Ferdinand Hierlinger, Alfred, Marianne |
| Zweiter Teil: Szene IV | Bei der Baronin (Wien) | Helene, Dienstbote, Ferdinand Hierlinger, Marianne, die Baronin |
| Zweiter Teil: Szene V | Draußen in der Wachau | Mutter, Alfred, Großmutter |
| Zweiter Teil: Szene VI | Stille Straße im achten Bezirk (Wien) | Oskar, Rittmeister, Zauberkönig, gnädige Frau, Valerie, Erich, Alfred, Havlitschek |
| Zweiter Teil: Szene VII | Stephansdom (Wien) | Marianne, Beichtvater |
| Dritter Teil: Szene I | Beim Heurigen (Wien), Nachtlokal „Maxim" (Wien) | Zauberkönig, Valerie, Erich, Rittmeister, der Mister, der Conférencier, Marianne |
| Dritter Teil: Szene II | Draußen in der Wachau | Alfred, Großmutter, Mutter |
| Dritter Teil: Szene III | Stille Straße im achten Bezirk (Wien) | Valerie, Rittmeister, Erich, Oskar, Alfred, Zauberkönig, Marianne |
| Dritter Teil: Szene IV | Draußen in der Wachau | Großmutter, Mutter, Marianne, Zauberkönig, Oskar, Alfred |

Obwohl sich Ödön von Horváth bewusst von der Form des klassischen Dramas absetzen will (Vermeidung des Ordnungsbegriffs „Akt", drei „Teile" statt fünf Akte), könnte man dennoch das Aufbauschema des klassischen Dramas auf das Theaterstück *Geschichten*

3.3   Aufbau

*aus dem Wiener Wald* und besonders auf die Hauptperson Marianne
übertragen:

**AUFBAU NACH DEM KLASSISCHEN DRAMENSCHEMA**

**Höhepunkt**
Marianne löst ihre Fesseln:
Sie will mit Alfred eine Familie
gründen

**Fall/Umkehr**
**„Tragisches Moment"**
Zunehmende Probleme nach
der Geburt des Sohnes: Marianne
als Nackttänzerin, Marianne im
Untersuchungsgefängnis

**Steigerung**
**„Erregendes Moment"**
Alfred sieht Marianne im Schaufenster

**„Moment der letzten Spannung"**
Vater will die Konflikte versöhnen

**Einleitung**
**„Exposition"**
Hinweis auf die bevorstehende
Verlobung von Marianne und Oskar

Katastrophe
Tod des Sohnes
Marianne: „Ich kann nicht mehr."

3.3 Aufbau

## Der zirkuläre Aufbau des Dramas

Dem Stück eher entspricht ein Kreismodell, das die zirkuläre Handlung veranschaulicht:

**ZIRKULÄRER AUFBAU DES DRAMAS**

Draußen in der Wachau [1, I]:
„In der Luft ist ein Klingen und Singen – als verklänge irgendwo immer wieder der Walzer ‚Geschichten aus dem Wiener Wald'."

Draußen in der Wachau [3, IV]:
„In der Luft ist ein Klingen und Singen – als spielte ein himmlisches Streichorchester die ‚Geschichten aus dem Wiener Wald'."

Denn die *Geschichten aus dem Wiener Wald* enden wie sie begonnen haben: die Personen sind wie in der Anfangsszene in der Wachau und obwohl zwei Jahre vergangen sind, scheint fast alles wieder auf Anfang zurückgestellt. Das Kleinkind ist gestorben, die Ehe zwischen Oskar und Marianne scheint wieder möglich, die Großmutter ist in ihrer Boshaftigkeit unverändert, Alfred spielt wieder bei Pferdewetten mit dem Geld von Valerie und die Walzermelodie liegt in der Luft.

Das Geschehen wiederholt sich

Diese **Rahmung und Kreisstruktur** wird auch dadurch verstärkt, dass sich schon vorher immer wieder Elemente des Geschehens wiederholt haben: die Suche des Zauberkönigs und Alfreds nach ihren Sockenhaltern, die Aussagen der Kunden über die Qualität der

3.3  Aufbau

Blutwurst, das laienhafte Klavierspiel der Realschülerin, der die Lotto-Ziehungsliste studierende Rittmeister. Dieser zirkuläre Aufbau
wird auch durch entsprechende Regieanweisungen unterstützt: So
heißt es bei 3, III „Und abermals in der stillen Straße", „Der Rittmeister liest noch immer die Ziehungsliste" und „Es scheint überhaupt
alles beim Alten geblieben zu sein" (HL S. 65/R S. 87). So besteht
das traurige Ergebnis des Stücks darin,

> „die ursprüngliche Figurenkonstellation zu restituieren. Der
> Fleischhauer bekommt die freilich widerstrebende Marianne zur
> Frau, Alfred, der sich mit Oskar arrangiert, kehrt reumütig zu
> Valerie zurück, die ihren Galan freilich klein sehen will, aber
> gleichzeitig sexuell von ihm abhängig ist. Der kleine Leopold,
> das ungewollte Kind von Marianne und Alfred, verschwindet
> dank der Intervention der patriarchalen Großmutter wieder aus
> der Welt. Mariannes Traum vom Glück hat sich verflüchtigt, sie
> verabschiedet sich als Opfer aus dem Stück."[10]

*Restitution der ursprünglichen Figurenkonstellation*

Der Literaturwissenschaftler Peter Wapnewski analysiert den Aufbau des Stücks wie folgt:

> „Die Komposition ist von strenger Symmetrie. Drei ‚Teile', jeder
> Teil untergliedert in (unterschiedlich lange) Szenen: Der erste
> hat deren vier; der zweite sieben; der dritte wieder vier.
> Damit ist eine gewisse quantitativ messbare Rahmung gegeben,
> die jedoch als solche eine künstlerische Funktion erst annimmt,
> wenn sie sich als Entsprechungsmuster erweist. In der Tat geht
> das **Prinzip der rahmenden Entsprechung** durch das ganze
> Drama. Etwa in Bezug auf die Orts-Einheiten: Seine erste Szene

*Aufbau folgt strenger Symmetrie*

---

10   Müller-Funk, S. 26.

3.3   Aufbau

spielt: Draußen in der Wachau – und eben dort spielt seine letzte: Der Endpunkt ist der Ausgangspunkt, alles wird sein wie es war – und in diesem Rahmen, in diesem Gehäuse des Dauernden geht der Mensch, geht das Menschliche vor die Hunde.

Insgesamt spielt die Szene an **neun Handlungsorten**. Davon kommen sieben nur je einmal vor. Zwei hingegen sind Konstanten, sind einander kontrapunktisch zugeordnet [...]: Das Häuschen draußen in der Wachau [...] und die stille Straße im achten Bezirk, [...] Alfred [pendelt] zwischen beiden Orten hin und her [...] und [nutzt] sie als Objekt seines parasitären Wesens.

Schein-Gegensatz
Stadt–Land

Der erprobte Gegensatz Stadt–Land, 8. Bezirk und Wachau freilich erweist sich hier als Scheinopposition: korrupt sind sie im einen wie im anderen Areal [...]. Dabei ist im letzten Teil die Szene im 8. Bezirk sehr konsequent in die Zange der beiden Wachau-Szenen genommen:

III, 2: Wachau mit Kinderwagen und angedeuteter Mordabsicht. III, 3: 8. Bezirk mit der großen allumfassenden Versöhnung: Oskar versöhnt sich mit Alfred; Valerie [...] mit Erich (und) [...] mit Alfred; der Zauberkönig sich mit Marianne, Marianne sich mit allen [...]. Und nach dieser Versöhnung aller mit allen ist das Stück reif für die letzte Szene III, 4: Wachau ohne Kinderwagen, alles ist wie es war, alles ist wie es ist, ewig fließt die Donau, ewig klingt eine Melodie [...]".[11]

---

11   Wapnewski, S. 125 f.

3.3 Aufbau

# Die zeitliche und räumliche Struktur des Dramas

| SZENE | ZEIT (CA. ZWEI JAHRE) | ORT DER HANDLUNG |
|---|---|---|
| 1, I | | Wachau |
| 1, II | der Rittmeister sagt: „Es wird Frühling" (HL S. 12/R S. 18); vor einem Jahr starb die Mutter des Metzgermeisters Oskar | Wien |
| 1, III | am nächsten Sonntag im Wiener Wald | Wiener Wald |
| 1, IV | am selben Tag, Sonnenuntergang | Wiener Wald |
| 2, I | ein Jahr später | Wien |
| 2, II | Marianne sagt zu Alfred: „Heut vor einem Jahr hab ich dich zum ersten Mal gesehen." (HL S. 33/R S. 46) | Wien |
| 2, III | kurze Zeit später; das Kind von Marianne und Alfred ist bei der Mutter in der Wachau | Wien |
| 2, IV | keine Zeitangabe | Wien |
| 2, V | keine Zeitangabe | Wachau |
| 2, VI | keine Zeitangabe | Wien |
| 2, VII | Marianne erklärt gegenüber dem Beichtvater, dass sie ihr Kind „vor acht Wochen" (HL S. 48/ R S. 65) geboren hat | Wien |
| 3, I | Heurigen-Ausschank im Herbst; Marianne arbeitet als Nackttänzerin im „Maxim" | Vorort von Wien |
| 3, II | Alfred kommt nach drei Wochen wieder zu Mutter und Großmutter | Wachau |
| 3, III | der Zauberkönig liest in der Zeitung: „Was sich da nur die Tschechen wieder herausnehmen! Ich sag dir heut: morgen gibts wieder einen Krieg!" (HL S. 68/R S. 98) | Wien |
| 3, IV | Frühling im folgenden Jahr | Wachau |

3.3 Aufbau

Wapnewski erläutert auch den zeitlichen Ablauf:

Das Häuschen der Mutter und Großmutter in der Wachau ist am Fuß einer Burgruine gelegen
© Wikimedia Commons, Hamster28 [Public domain][12]

„Es beginnt in frühsommerlicher Sonne. Dabei wird die Zeit im Spiel zurückverlängert um genau ein Jahr ins Vorfeld der Erinnerung: Oskars „armes Mutterl selig" ist „heut vor einem Jahr fort" – und zwar „Nach dem Essen um halb drei – da hatte sie unser Herrgott erlöst" [HL S. 9/R S. 15]. Am Sonntag nach diesem Beginn finden Alfred und Marianne im Wiener Wald zueinander.

Der zweite Teil setzt ein mit der stillen Straße im 8. Bezirk, und die Sonne scheint wie dazumal, überhaupt ist alles wie dazumal – nur Marianne fehlt, und im nächsten Bild erwähnt sie's: Es spielt exakt ein Jahr nach der ersten Begegnung der (einst) Liebenden.

Der dritte Teil scheint zeitlich inkonsequent einzusetzen – er tut es insofern nicht, als er sich über etwa ein halbes Jahr hinzieht (während Teil I und Teil II jeweils nur die Spannweite einiger Tage oder Wochen umfassen). Teil III beginnt beim Heurigen, im Herbst des gleichen Jahres.

Die Abendsonne jedoch der nächsten Szene (Wachau) ist die des nächsten Frühjahrs, und so endet denn das Stück offenbar recht genau wiederum ein Jahr nach dem zweiten Teil, d. h. zwei Jahre nach dem Beginn [...]. Es zeigt sich also, dass die Größen Zeit und Ort mit Konsequenz gehandhabt und als Rahmen und Entsprechungswerte komponiert sind. Wiederkehr der Jahreszeit, des Jahrestages, der Szenerie: das Leben, – ein Karussell."[13]

12  https://commons.wikimedia.org/wiki/File:Ruine_Hinterhaus_in_Spitz_an_der_Donau.jpg (Stand Juli 2019).
13  Wapnewski, S. 126 f.

## 3.4 Personenkonstellation und Charakteristiken

ZUSAMMEN-
FASSUNG

Die Hauptpersonen sind

**Marianne:**
→ 22 Jahre alt
→ einziges Kind des Zauberkönigs Leopold
→ geplante Verlobung mit dem Metzger Oskar
→ Hoffnung auf echte Liebe mit dem Charmeur Alfred
→ Leben in wilder Ehe mit einem unehelichen Kind
→ Engagement als Nackttänzerin in einem Nachtklub
→ endgültig gebrochen nach dem Tod ihres Sohnes

**Alfred:**
→ hat keinen seriösen Beruf
→ verdient etwas Geld mit Pferdewetten
→ lässt sich von der älteren Valerie aushalten
→ übernimmt keine Verantwortung für das Zusammenleben
   mit Marianne und ihrem gemeinsamen Kind

**Oskar:**
→ Besitzer einer Metzgerei in Wien
→ als Ehemann von Marianne vorgesehen
→ schwankend zwischen Liebe und Brutalität
→ ist am Ende bereit, Marianne wieder als Frau zu nehmen

**Zauberkönig:**
→ Besitzer eines Spielwarenladens in Wien
→ verwitweter Vater von Marianne

→ verstößt die Tochter nach ihrer Liaison mit Alfred

→ Schlaganfall nach der Begegnung mit der Tochter im Nachtklub

**Valerie:**

→ etwa 50-jährige Witwe eines Beamten

→ besitzt eine Trafik (Zeitschriftenladen) in Wien

→ sucht die Verbindung zu jüngeren Männern (Alfred, Erich)

→ versucht am Ende eine Aussöhnung aller Beteiligten

Die Personenkonstellation in den *Geschichten aus dem Wiener Wald* lässt sich nach verschiedenen Aspekten darstellen:

→ Die Einteilung in Hauptpersonen, Nebenfiguren und Randfiguren:

| Hauptpersonen | Marianne, Alfred, Oskar, Zauberkönig, Valerie |
|---|---|
| Nebenfiguren | Mutter, Großmutter, Ferdinand Hierlinger, Havlitschek, Rittmeister, Erich, Mister |
| Randfiguren | Baronin, Helene, Ida, gnädige Frau, Conférencier, erste Tante, zweite Tante, Fräulein Emma, Beichtvater, Dienstbote, Realschülerin im zweiten Stock |

→ Die Dreiecks-Beziehung: Oskar – Marianne – Alfred

→ Die Ladenbesitzer der Stillen Straße im achten Bezirk: Zauberkönig, Oskar, Valerie

→ Die Menschen auf dem Lande (in der Wachau): Mutter, Großmutter

3.4  Personenkonstellation und Charakteristiken

Marianne (Ilse
Eerens) zwischen
Oskar (Jörg
Schneider) und
Alfred (Daniel
Schmutzhard),
Bregenzer Fest-
spiele 2014
© picture alliance /
DIETMAR STI-
PLOVSEK / APA /
picturedesk.com

3.4   Personenkonstellation und Charakteristiken

→  Die unterschiedlichen Frauen- und Männerrollen, die unter-
    schiedlichen Beziehungsmuster:

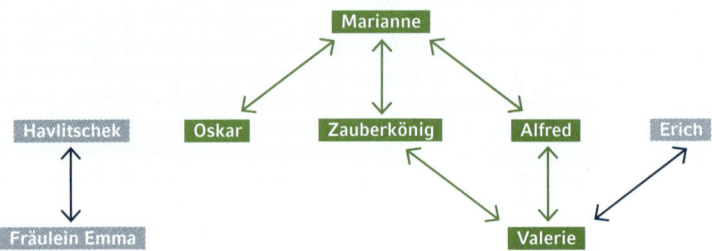

→  Alfred und seine Verwandten/Freunde: Mutter, Großmutter,
    Hierlinger, Valerie
→  Zugehörigkeit zu einer sozialen Gruppe: Horváth sieht alle
    Personen als Beispiele des Kleinbürgertums, dennoch lässt
    sich eine gewisse soziale Rangliste feststellen:

| | |
|---|---|
| Rittmeister, der Mister, Baro-nin, Erich | höherer militärischer Rang, Reichtum, Adel, akademische Ausbildung |
| Valerie | wohlhabende Witwe, Ladenbesitzerin |
| Zauberkönig | Ladenbesitzer, geschäftlich jedoch auf dem absteigenden Ast |
| Alfred, Ferdinand Hierlinger | vermutlich keine seriösen beruflichen Tätig-keiten, Schmarotzertum, Einkünfte durch Pferdewetten, evtl. auch durch Zuhälterei |
| Mutter, Großmutter | ärmere alleinstehende Frauen mit einfachem Häuschen auf dem Lande |
| Havlitschek | einfacher Metzgergeselle |
| Marianne | von krassem sozialen Abstieg bedroht: uneh-renhafter Beruf, Nähe zur Prostitution |

3.4 Personenkonstellation und Charakteristiken

→ Die Österreicher – die Nicht-Österreicher: Der einzige Nicht-Österreicher ist der Student Erich aus Kassel. Er entpuppt sich als ein Sympathisant der deutschen Nationalsozialisten und der preußischen Monarchie. Sein einziger Gegenspieler ist der Rittmeister aus Wien, ein Sympathisant der habsburgischen Monarchie.

→ Marianne als zentrale und als einzig tragische Figur des Stückes: Zehn Personen leisten ihren Beitrag zu ihrer tragischen Entwicklung:

**DIE TRAGISCHE ENTWICKLUNG MARIANNES**

**Mutter**
will, dass ihr Sohn Alfred eine gute Partie macht

**Oskar**
will Marianne heiraten, ist aber nicht zu wirklicher Liebe fähig

**Alfred**
lässt sich auf eine Beziehung zu Marianne ein, die von ihm nie ernst genommen wird

**Valerie**
ist eifersüchtig auf Marianne, da sie ihr den Alfred wegnimmt

**Großmutter**
ist hauptschuldig am Tod des kleinen Leopold

→ Marianne ←

**Baronin**
beschäftigt Marianne als Nachtklubtänzerin

**Beichtvater**
zeigt kein Verständnis für die problematische Lage von Marianne

**Rittmeister**
enthüllt den Anderen Mariannes Tätigkeit als Nackttänzerin in einem Nachtklub

**Der Mister**
beschuldigt Marianne des Diebstahls und sorgt dafür, dass sie verurteilt wird

**Hierlinger**
vermittelt Marianne eine Arbeit in einer dubiosen Tanzgruppe

**Die Tragik**
Der Begriff der Tragik lässt sich folgendermaßen definieren: Wenn jemand unverschuldet in einen Konflikt gerät, den er nicht mehr lösen kann oder an dem er zugrunde geht. Wenn jemand durch einen

3.4  Personenkonstellation und Charakteristiken

Die ausweglose
Lage

Fehler (Unkenntnis, mangelnde Einsicht, falsche Einschätzung) in eine ausweglose Situation gerät und die wahren Zusammenhänge zu spät erkennt. Folgt man dieser Bestimmung, ist Marianne die einzige tragische Figur in dem Volksstück. Die Personen um sie herum erleiden zwar auch Rückschläge oder schwierige Situationen, sind aber – vielleicht aufgrund ihrer „Dummheit" – nie in einer ausweglosen Lage. Selbst Mariannes Vater, der Zauberkönig, erlebt existenzielle Gefährdungen (die mögliche Schließung seines Ladens, zwei Schlaganfälle), seine letzten Worte sind aber hoffnungsvolle Bitten an den lieben Gott: „Lass mich noch, lass mich noch" (HL S. 76/R S. 101).

## Personencharakteristik

Die Charakteristik von Gestalten einer Dichtung unterscheidet sich von der freien Charakterzeichnung dadurch, dass nun nicht mehr lebende Menschen in ihren äußeren und inneren Erscheinungsformen skizziert werden, sondern vom Dichter gestaltete Persönlichkeiten. Die literarische Charakteristik ist die Wesensschilderung einer Textfigur, gestützt auf Textinformationen. Es kommt darauf an, nicht alles Mögliche, sondern nur das Bezeichnende, Unterscheidende, also das Individuelle hervorzuheben.

Wesensschilderung
einer Textfigur

Die Charakteristik will nicht nur – wie die Beschreibung – eine Person genau und vollständig darstellen, sondern den Menschen in seiner wesentlichen Prägung durch Anlage und soziale Umwelt verstehen.

Die Charakteristik will den Zusammenhang zwischen der psycho-sozialen Ausgangslage einer Figur und ihrem Handeln und Verhalten sowie Sprechen und Denken aufdecken. Sie ist somit um die Aufklärung des Kausalzusammenhanges von Ursachen und Wirkungen bemüht; sie will die Entwicklung einer Figur beobachten, da Menschen nicht statisch sind.

3.4  Personenkonstellation und Charakteristiken

Die Charakteristik wird die einzelne Figur immer im Zusammen-
spiel mit anderen Figuren sehen, da der Mensch sozial lebt, da er
„nicht nicht-kommunizieren" kann und da Wechselwirkungen zwischen den Figuren bedeutend sind; so muss man sich die Position
der Figur in der Personenkonstellation klarmachen.

In historisch-kritischer Sicht müssen auch die Mentalität und
die Normen einer Epoche zur Zeit der Entstehung eines Textes als
Einflussfaktoren für die Figurengestaltung einbezogen werden.

Bei einer systematischen Textuntersuchung im Hinblick auf die
Gestaltung einer Figur (oder einer Figurengruppe) kann man einzelne Beobachtungsfelder unterscheiden:

→ **Äußere Merkmale:** Lebensdaten (Alter, Geschlecht), Aussehen, Verhalten (z. B. Gestik, Mimik, Sprechweise (was gesagt
  wird und wie etwas gesagt wird), Statur, Körperbau, Kleidung,
  Auftreten), Gewohnheiten, Handlungsweisen

→ **Die Figur in ihrer Lebenswelt:** Ort und Zeit der Handlung,
  soziale Verhältnisse (Herkunft, Milieu, Familie), Anse-
  hen im privaten und öffentlichen Lebensbereich, Stand-
  /Schichtzugehörigkeit, Bildung

→ **Das Wesen:** Empfindungen, Gefühle, Einstellungen zu Personen, Verhältnis zu anderen Figuren, Benehmen, Reaktionen
  auf Überraschendes, Haltungen (Überzeugungen, Wertvor-
  stellungen, Vorbilder, Auffassung zu bestimmten Problemen,
  Verhalten in bestimmten Situationen), Selbstbekenntnisse

## Marianne
Marianne ist in zehn von 15 Szenen präsent und kann als zentrale
Hauptperson des Stücks bezeichnet werden.

3.4  Personenkonstellation und Charakteristiken

22 Jahre

Sie ist die Tochter des Zauberkönigs und etwa 22 Jahre alt. Ihre Mutter ist vor einem Jahr gestorben. Sie arbeitet fleißig im Laden ihres Vaters und wird von ihm ziemlich streng behandelt. Die Verlobung mit Oskar, der nebenan eine Metzgerei betreibt, steht bevor; ob sie ihn allerdings wirklich liebt, darf bezweifelt werden.

Will selber über ihr Schicksal bestimmen und scheitert

Eigentlich hat sie das Ziel, selbstständig zu sein und über das eigene Schicksal selbst entscheiden zu können. Sie hätte gerne rhythmische Gymnastik studiert und ein eigenes Institut eröffnet. Die Verbindung mit Alfred erscheint ihr als Ausweg in eine echte Liebe, sie will nicht mehr Sklavin der gesellschaftlichen Konventionen sein und mit Alfred eine Familie nach ihrem Plan gründen.

Dies erweist sich allerdings als Fehleinschätzung, denn die junge Familie steckt bald in großen finanziellen Nöten. Der Autorität des Vaters und der Autorität der Kirche will sie sich nicht mehr unterwerfen. Der Vater bricht den Kontakt zu seiner Tochter ab. Marianne selber sieht sich im Beichtstuhl nicht als Sünderin, sondern eher als glückliche, wenn auch allein erziehende Mutter und will den Reue-Forderungen des Geistlichen nicht folgen.

Die Lage wird für sie immer auswegloser: sie spielt mit dem Gedanken des Selbstmords, erwägt den Beruf einer Prostituierten und lässt sich dann in ihrer Not auf eine Beschäftigung in einer Nachtbar als Nackttänzerin ein. Als sie dann am Ende vom Tod ihres Sohnes erfährt, ist ihr letzter Halt verschwunden: „Ich kann nicht mehr." (HL S. 77/R S. 103).

Opfer der Gesellschaft

Marianne ist also das Opfer einer männerdominierten kleinbürgerlichen Gesellschaft, aber auch ihrer eigenen Gutgläubigkeit.

### Alfred

Mitte 30

Alfred Zentner ist in elf von 15 Szenen präsent. Über sein Alter wird in dem Stück nicht genau gesprochen, man kann vermuten, dass er etwas Mitte Dreißig ist.

3.4 Personenkonstellation und Charakteristiken

Insgesamt repräsentiert er den Typ des gerissenen Schlawiners, offensichtlich mit großer Wirkung auf Frauen („Was kann ich denn dafür, dass ich auf die Frauen so stark wirk?!", HL S. 70/R S. 94). Für einen bürgerlichen Beruf oder gar für eine Beamtenlaufbahn scheint er nicht geeignet. Bis vor kurzem hat er angeblich bei einer Bank gearbeitet, danach betreibt er nach eigener Aussage „Finanzierungsgeschäfte" (HL S. 4/R S. 8). Dies bedeutet im Klartext, dass er sich Geld leiht und damit Pferdewetten platziert. Nachdem ihm Marianne dieses unsolide Treiben ausgeredet hat, versucht er sich als Vertreter für Hautcremes, was aber auch keine regelmäßigen Einkünfte erbringt.

Ohne geregelte Einkünfte

Am Anfang hat er ein Verhältnis mit der deutlich älteren Valerie, von der er sich offensichtlich aushalten lässt, die ihn aber dann, als er sich von ihr wegen Marianne trennt, als Luder, Mistvieh, Zuhälter, Bestie, Drecksau, Hallodri und Voyeur (vgl. HL S. 15 u. S. 23/R S. 23 u. S. 32) beschimpft. Später findet sie für ihn noch die Bezeichnungen „grandioser Schuft" (HL S. 46/R S. 63), „eitler Aff" und „ausgemachter Halunke" (HL S. 70/R S. 94).

Alfred besucht eher selten seine Mutter und seine Großmutter in der Wachau, letztere vor allem deshalb, um sich von ihr Geld zu leihen, das er dann nie mehr zurückzahlen wird. Die Großmutter durchschaut ihren Enkel als „frech und faul" (HL S. 64/R S. 86).

Leiht sich öfter Geld von der Großmutter

Der erste Kontakt mit Marianne, die das Schaufenster ihres Vaters dekoriert, führt – zumindest von Seiten Mariannes – zu einer Liebe auf den ersten Blick. Alfred lässt es dann bald beim Ausflug in den Wiener Wald zu einer Liebesszene mit ihr kommen, obwohl er eigentlich nicht will, dass deren Verlobung mit Oskar zerstört wird. Er warnt sie sogar davor, dass er ihr wahrscheinlich keine sichere Existenz bieten könne. An den Folgen mit der Geburt des Sohnes sieht er sich unschuldig: „Ich kann halt nicht nein sagen" (HL S. 67/R S. 91) oder „Ich bin ein schwacher Mensch" (HL S. 71/

3.4   Personenkonstellation und Charakteristiken

Alfred (Florian
Techtmeister)
hat es auf das
Geld seiner
Großmutter (Erni
Mangold) abgese-
hen, Inszenierung
am Theater in
der Josefstadt in
Wien 2012
© picture alliance /
REUTERS

R S. 95). Sehr zielstrebig setzt er aber durch, dass das Kind zu seiner
Mutter in die Wachau gebracht wird und dass Marianne mit dubio-
ser Arbeit Geld verdienen soll. Grundsätzlich möchte er nach kurzer
Zeit aus dieser „unglückseligen Bindung" (HL S. 36/R S. 50) herauskommen. Der Tod des Sohnes und die mögliche Wieder-Verlobung
von Oskar und Marianne sind für ihn ein gar nicht so unwillkomme-
nes Ergebnis, wenngleich er am Ende wieder als Single dasteht und
sich darüber Gedanken macht, dass er keine Nachkommen haben
wird: „Man setzt sich nicht fort und stirbt aus." (HL S. 76/R S. 102).

3.4 Personenkonstellation und Charakteristiken

„Alfred, der Typ des depravierten Angestellten, überspielt seine marode Situation mit Plattitüden. Er macht aus der Not, seinen Posten als Bankangestellter verloren zu haben, eine Tugend. Seine Figurenrede hat vornehmlich die Funktion der Rationalisierung und Kompensation: ‚Ich taug nicht zum Beamten, das bietet nämlich keine Entfaltungsmöglichkeiten. Die Arbeit im alten Sinne rentiert sich nicht mehr. Wer heutzutag vorwärts kommen will, muss mit der Arbeit der anderen arbeiten. Ich hab mich selbstständig gemacht. Finanzierungsgeschäfte und so –' [HL S. 4/R S. 8].

Alfred ist ein Hochstapler, der sich gleichsam neu nach oben erfindet und damit einen trügerischen Platz in einer selbstgezimmerten Welt einnimmt. Seine Selbst- und Fremd-Lügen funktionieren indes nur, weil er bis zu einem gewissen Grad an sie glaubt. Großspurigkeit meint in diesem Zusammenhang, dass er sprachlich eine Spur legt, in der er sich scheinbar souverän bewegen kann. Dadurch gelingt es ihm zeitweilig, von seiner maroden Situation abzulenken, etwa, wenn er verkündet, neue Geschäftsbeziehungen in Frankreich auftun zu wollen [...].

Hochstapler und Lügner

    Es versteht sich fast von selbst, dass dieses geschäftliche Projekt ein Schwindel ist, in Wirklichkeit hat Alfred das Geld der Großmutter beim Wetten auf der Trabrennbahn verspielt. Das Wort Schwindel hat eine zusätzliche Konnotation, weist es doch auf ein fragiles Verhältnis des Körpers zum Boden der Tatsachen hin. Gerade dieser Schwindel ist es, der Alfred immer wieder illusionär erhöht und ein stets gefährdetes Selbstwertgefühl erzeugt."[14]

----

14   Müller-Funk, S. 17.

3.4  Personenkonstellation und Charakteristiken

## Zauberkönig

Inhaber eines
Spielwaren-
geschäfts

Der Zauberkönig ist in sechs von 15 Szenen präsent. Sein wirklicher Nachname bleibt unbekannt, sein Vorname ist Leopold. Er ist Inhaber einer Puppenklinik mit dem Firmenschild „Zum Zauberkönig", wo er auch Scherzartikel und sonstige Spielwaren verkauft.

Seine Frau Irene ist vor einem Jahr gestorben, jetzt führt er den Laden mit seiner Tochter Marianne, zu der er relativ streng ist. Er will die Verlobung seiner Tochter mit dem Metzgermeister Oskar bald bekanntgeben; dies tut er dann vor allen beim Ausflug in den Wiener Wald. Vor dem anschließenden Baden in der Donau bewundert er die schon halb entkleidete Valerie und macht sich recht vordergründig an sie heran („Bin ich schlimm?", HL S. 24/ R S. 34). Als er später Alfred und Marianne in flagranti erwischt, ist er entsetzt: „Diese Verlobung darf nicht platzen" (HL S. 28/

Verstößt
Marianne

R S. 39). Weil sich die Tochter aber dieser Aufforderung nicht beugt, wird er unerbittlich: „Ich habe keine Tochter!" (HL S. 43/R S. 60).

Ein Jahr später sieht man ihn wieder beim Heurigen, wo er dem Alkohol kräftig zuspricht („Für uns alte Leut' ist ja der Alkohol noch die einzige Lebensfreud!", HL S. 57/R S. 76). Schon halbwegs betrunken sagt er, er sei wieder der Alte, und grapscht nach vorübergehenden Mädchen. Zu Valerie bekennt er: „dich hätt ich heiraten sollen" (HL S. 54/R S. 73). Später im Nachtklub nimmt er per Tischtelefon Kontakt mit anderen Frauen auf. Dann erlebt er den Nacktauftritt seiner Tochter Marianne. Als diese ihm verzweifelt ihr Leid klagt, lässt er sich nicht erweichen, er nennt sie „miserables Geschöpf" und „gemeines Schwein" (HL S. 61 f./R S. 82 f.) – Begriffe, die der Betrachter auch auf ihn anwenden könnte. Eine Mitschuld am Schicksal seiner Tochter weist er von sich.

Muss Laden
schließen

Schließlich erfährt man, dass der Zauberkönig einen Schlaganfall erlitten hat und dass er den Laden schließen muss. Valerie überredet ihn dazu, sich doch wieder mit seiner Tochter auszu-

3.4 Personenkonstellation und Charakteristiken

söhnen. Er fährt tatsächlich mit Marianne und einigen anderen in die Wachau, um seinen Enkel Leopold zu sehen, der aber gestorben ist. Der gestürzte Zauberkönig erleidet einen zweiten Schlaganfall und bettelt: „lieber Gott, lass mich noch da" (HL S. 76/R S. 101).

## Valerie

Valerie ist in sieben von 15 Szenen präsent. Ihr Nachname bleibt unbekannt. Sie ist Inhaberin eines Ladens für Tabak, Zeitschriften und Lotterie (österr.: Trafik).

*Inhaberin eines Tabakgeschäfts*

Sie ist mittlerweile etwa 50 Jahre alt, Witwe eines Kanzleiobersekretärs und umgibt sich gerne mit jüngeren Liebhabern. Auf attraktive Kleidung und gutes Aussehen legt sie besonderen Wert.

*Um die 50 Jahre*

Zuerst ist sie mit Alfred liiert (beide sprechen von einer „freundschaftlich-geschäftlichen Beziehung", HL S. 7/R S. 12), sie gibt ihm Geld, das er bei Rennwetten platziert. Natürlich ist sie sofort eifersüchtig, als Alfred ein Auge auf Marianne wirft.

Beim Ausflug in den Wiener Wald ist sie schnell angeheitert (die anderen bezeichnen sie als „Alkoholistin", HL S. 22/R S. 32), flirtet mit Erich, dem Neffen des Zauberkönigs; wenig später beim Baden kommt es zu einem Kuss mit dem Zauberkönig, der es bedauert, sie nicht geheiratet zu haben. Dem jungen Erich bietet sie bei sich ein möbliertes Zimmer an.

Im folgenden Jahr beim Heurigen ist sie wieder ziemlich betrunken und flirtet erneut mit dem Zauberkönig und dem Mister aus Amerika. Der Auftritt von Marianne führt bei ihr allerdings zu einer großen Verstörung: „das halte ich nicht aus" (HL S. 59/R S. 80).

Am Schluss sieht sie sich als große Versöhnerin, vorher trennt sie sich allerdings noch von Erich, der sie despektierlich als „Altes fünfzigjähriges Stück Scheiße" (HL S. 67/R S. 90) bezeichnet. Sie will den Zauberkönig mit seiner Tochter aussöhnen und ist offensichtlich sogar bereit, mit Alfred wieder zu einer Liaison zu kommen.

*Große Versöhnerin*

3.4   Personenkonstellation und Charakteristiken

## Oskar

Inhaber einer
Metzgerei

Oskar ist in sieben von 15 Szenen präsent. Er ist Inhaber einer
Metzgerei (österr.: Fleischhauerei).

An ihm fällt besonders die Gleichzeitigkeit von scheinbar ein-
fühlsamer Sprache und wohl berufsbedingter Brutalität auf. Er kann
in einer Minute erst über Beziehungsprobleme und philosophische
Fragen und dann über das Schlachten einer Sau sprechen. Er kann
mit Messer und Blutwurst hantieren und danach ein gefühlvolles
Lied singen („Sei gepriesen, du lauschige Nacht", HL S. 20/R S. 29)
oder ein Goethe-Gedicht zitieren („Selige Sehnsucht", vgl. HL S. 72,
Z. 35–38/R S. 97, Z. 17–20).

Zweifelt an
Mariannes Liebe

Nach dem Tod seiner Mutter hat er das Trauerjahr abgewartet,
um dann die Verlobung mit Marianne einzugehen. Er zweifelt jedoch zu Recht immer wieder, ob Marianne ihn wirklich liebt. Seine
Liebe zu ihr hat allerdings auch etwas Gewalttätiges: beim Kuss
beißt er sie auf die Lippe, er demonstriert an ihr einen schmerz-
haften Jiu-Jitsu-Griff und spricht, nachdem er die Affäre zwischen
Alfred und Marianne durchschaut hat, eine merkwürdige Drohung
aus: „ich werde dich auch noch weiter lieben, du entgehst mir nicht"
(HL S. 29/R S. 40).

Als Oskar nach einem Jahr erfährt, dass es dem Paar Alfred und
Marianne schlecht geht, sagt er, er würde sie dennoch heiraten,
„wenn sie das Kind nicht hätt" (HL S. 47/R S. 64). Er kann sich sogar
mit dem Nebenbuhler Alfred aussöhnen, beide sind sich einig, dass
Marianne an allem schuld war und sie als Männer „halt zu naiv"
(HL S. 68/R S. 91) waren.

Möchte Marianne
nach allem immer
noch heiraten

Gegen Ende wiederholt er sein Angebot an Marianne: er würde
sie „trotz allem noch heut an den Altar führen", wenn sie frei wäre –
„ich meine jetzt das Kind" (HL S. 72/R S. 96). Der Tod des kleinen
Leopold kommt ihm da gerade recht, mit abgedroschenen Floskeln
(„Gott gibt und Gott nimmt", HL S. 76/R S. 102) will er Mariannes

3.4  Personenkonstellation und Charakteristiken

Trauer besänftigen – und wieder kommt abschließend die drohende
Ankündigung: „du wirst meiner Liebe nicht entgehn" (HL S. 77/
R S. 103).

### Die Großmutter

Die Großmutter von Alfred ist in vier von 15 Szenen präsent. Sie ist    80 Jahre
etwa 80 Jahre alt und lebt mit ihrer Tochter (im Stück die Mutter)
draußen in der Wachau in einem Häuschen am Fuße einer nicht
näher bezeichneten Burgruine.

Die Großmutter ist eine sehr hartherzige, teilweise unmensch-    Hartherzig und
liche und streitsüchtige Person. Ihrem Enkel Alfred hat sie immer    streitsüchtig
wieder Geld geliehen, erkennt aber, dass er ihr das Geld kaum mehr
zurückgeben wird. Deshalb kündigt sie ihm auch an, dass er nichts
mehr zu erwarten habe, solange er mit Marianne („eine schlam-
perte Weibsperson", HL S. 42/R S. 58) in wilder Ehe (wie in einem
„Hundestall", HL S. 41/R S. 56) zusammenlebt. Sie bezeichnet ihn
als „Schuft", „Haderlump", „Verbrecher" (HL S. 41/R S. 57) und
„Scheißkerl" (HL S. 63/R S. 85), bietet dann aber doch wieder Unterstützung an, wenn er sich von Marianne trennen würde.

Als der kleine Leopold in der Wachau untergebracht wird, sieht    Brutal und
sie die Chance, diese Belastung zu beseitigen: sie stellt das kleine    unmenschlich
Kind bewusst in den Zug an ein Fenster, es bekommt eine schwere
Erkältung, an der es stirbt. Die inhumane Brutalität der Großmutter
wird deutlich, als sie ihr Vorgehen sogar noch rechtfertigt: „Gott
gibt und Gott nimmt. [...] Für manche wärs schon besser, wenns
hin wären!" (HL S. 64/R S. 86).

„Die Großmutter, die Hexe, ist eine aufschlussreiche, fast    Finanziell
märchenhafte Person, eine dämonische Abspaltung des Weib-    gut gestellt
lichen. Es bleibt unklar, woher ihre ökonomischen Ressourcen
stammen, aber ganz unverkennbar ist Alfred, der Pferde- und

3.4    Personenkonstellation und Charakteristiken

Frauenkenner, allein in die Wachau gereist, um seine Großmutter anzupumpen. Unübersehbar ist im Stück eine Diagnose enthalten, nämlich jene, dass mit dem verlorenen Weltkrieg Patriarchat und Männlichkeit in eine Krise geraten sind. In diesem Stück befinden sich weibliche Figuren, mit der frappanten Ausnahme Mariannes, in der ökonomisch starken Position."[15]

### Die Mutter

Die Mutter ist in vier von 15 Szenen präsent. Sie ist die Mutter von Alfred, heißt mit Vornamen Frieda und lebt mit ihrer Mutter (im Stück die Großmutter) draußen in der Wachau in einem Häuschen am Fuße einer nicht näher bezeichneten Burgruine. Ihr Mann ist schon vor zehn Jahren gestorben, über den die Großmutter nur negativ berichtet: „Deine ganze Mitgift hat er versoffen!" (HL S. 64/ R S. 86).

Die Mutter ist in dem Stück eine der wenigen insgesamt positiv gezeichneten Personen, sie zeigt in schweren Zeiten Ansätze von Menschlichkeit und Anständigkeit, ist hilfsbereit, kümmert sich um ihren Sohn und später besonders um ihren Enkel Leopold, erscheint aber insgesamt zu schwach und zu gutgläubig, um sich gegen die Bosheit der Großmutter und die Durchtriebenheit ihres Sohnes durchzusetzen. Bei ihrem Sohn Alfred bedauert sie vor allem, dass er noch keine Familie gegründet hat, dass er noch nicht „die Richtige" gefunden hat. Deshalb akzeptiert sie auch die Beziehung Alfreds zu Marianne und wünscht eine baldige Heirat. Sie ist auch bereit, den kleinen Leopold bei sich aufzunehmen, um es dem jungen Paar zu ermöglichen, einer Arbeit nachzugehen. Da sie beobachtet hat, dass die kaltschnäuzige Großmutter das Kind nachts absichtlich an ein offenes Fenster gestellt hat, kommt es zum

*Anständig und hilfsbereit*

*Schwach und gutgläubig*

---

15    Müller-Funk, S. 19.

3.4  Personenkonstellation und Charakteristiken

heftigen Streit zwischen ihr und der Großmutter („Ungeheuer", HL S. 74/R S. 99) über die Frage, wer die Schuld am Tod des Kindes trägt.

## Rittmeister

Der Rittmeister ist in vier von 15 Szenen präsent. Er ist seit dem Zusammenbruch des Kaiserreichs 1918 pensionierter Soldat der österreichischen Armee. Rittmeister ist ein Dienstgrad der Kavallerie; einmal bedauert er, nicht noch Major geworden zu sein.

Pensionierter Soldat

Er besucht regelmäßig die Läden in der Stillen Straße und sagt dort eigentlich immer dasselbe: er lobt die Blutwurst des Metzgers Oskar und er erkundigt sich nach der Lotto-Ziehungsliste bei der Trafik von Valerie. Sein floskelhaftes Gerede erinnert stark an den Hauptmann aus Georg Büchners Drama *Woyzeck*.

Einmal kommt es auf der Straße zu einem Streitgespräch mit dem jungen Erich, weil dieser das österreichische Militär herabsetzt („Fesch, aber feig!", HL S. 44/R S. 61). Der Rittmeister bezeichnet Erich als „Grünschnabel" (ebd.), der sich von alten Trafikantinnen (= Valerie) aushalten lässt. Der Dialog ist typisch für die Rivalität zwischen den Dynastien der Hohenzollern und der Habsburger.

Noch ganz der Monarchie verhaftet

Beim Heurigen ist der Rittmeister in bester Stimmung und hat einen alten Jugendfreund, einen Amerikaner („Mister") mitgebracht. Er schlägt anschließend einen Besuch des Nachtlokals Maxim vor, „weil es dort ganz besondere Überraschungen geben wird" (HL S. 55/R S. 74). Er weiß nämlich schon von früheren Besuchen, dass dort Marianne als Nackttänzerin auftritt. Er findet die Haltung des Zauberkönigs gegenüber seiner Tochter zu hart und will auf diese Weise versöhnend wirken.

3.4   Personenkonstellation und Charakteristiken

## Erich

Um die 20 Jahre

Erich ist in vier von 15 Szenen präsent. Er ist ein junger Mann (geboren 1911, vgl. HL S. 25/R S. 36) aus Kassel, der seinen Onkel, den Zauberkönig, in Wien besucht. Er studiert im dritten Semester Jura.

Gibt sich gebildet

Erich gibt sich in Gesprächen als sehr gebildet, liebt angeblich den italienischen Komponisten Puccini und den russischen Schriftsteller Dostojewski, lehnt dagegen Operetten als niveaulos ab. Auch in der buddhistischen Philosophie scheint er sich auszukennen. Er hat eine stramm deutschnationale Gesinnung und zeigt sich in seiner Ablehnung von Juden und „Negern" als Rassist und Natio-

Preußischer Militarist

nalsozialist. Als überzeugter preußischer Militarist trainiert er beim Ausflug in den Wiener Wald für ein Preisschießen des Wehrverbandes. Beim Heurigen ist er schwer betrunken, exerziert am Tisch und schreit „Heil" (HL S. 51/R S. 69). Mit dem Rittmeister streitet er über die militärischen Leistungen der Österreicher und der Preußen.

Der junge Mann hat eine sehr berechnende Neigung zu reiferen Frauen und nimmt daher Valeries Angebot eines möblierten Zimmers gerne an. Auch finanziell lässt er sich von ihr aushalten. Bald jedoch verlässt er sie wieder und bezeichnet sie abschätzig als „Altes fünfzigjähriges Stück Scheiße" (HL S. 67/R S. 90).

## Der Hierlinger Ferdinand

Geschäftsmann

Ferdinand Hierlinger ist in drei von 15 Szenen präsent. Er ist ein Freund von Alfred, angeblich ein hochanständiger Kaufmann, wahrscheinlich jedoch eher ein zweifelhafter Charakter, der sein Geld mit dubiosen Geschäften (evtl. auch Zuhälterei) verdient.

Hilft Alfred und verschafft Marianne Arbeit

Er besitzt ein elegantes Sport-Kabriolett, spielt tagsüber in einem Café Billard und kann zu Frauen sehr charmant sein. Das beweist er auch gegenüber Alfreds Mutter, die ihn darauf sehr devot als Herr von Hierlinger tituliert. Seinem Freund Alfred macht er klar, dass er

3.4 Personenkonstellation und Charakteristiken

bei der Beziehung zu der älteren Valerie (finanziell) besser gefahren wäre. Dennoch will er ihm helfen und für Marianne eine Arbeit finden. Er bringt Marianne zu einer sehr fragwürdigen Baronin, die angeblich eine Tanzgruppe für Nachtklubs organisieren will. Es stellt sich jedoch bald heraus, dass dies wenig mit Kunst oder rhythmischer Sportgymnastik zu tun hat, sondern eher in Richtung Nackttänzerin, Animierdame oder Prostituierte geht.

## Havlitschek

Ladislaus Havlitschek ist in drei von 15 Szenen präsent. Er ist der Gehilfe von Oskar in der Fleischhauerei und wird in einer Regieanweisung als ein „Riese mit blutigen Händen" (HL S. 8/R S. 14) bezeichnet.

Gehilfe in der Metzgerei

Meistens steht er mit Metzgerschürze vor dem Laden und „frisst Wurst" (HL S. 30/R S. 42). Durch drei Situationen lässt sich sein Verhältnis zu Frauen charakterisieren:

Zweifelhaftes Verhältnis zu Frauen

In Gedanken überträgt er einmal das Abstechen einer Sau auf die Tötung einer Kundin (Ida), die sich über die Qualität der Blutwurst beschwert hat.

Später flirtet er mit der vorübergehenden Emma, sagt ihr aber gleich, dass er große Leidenschaft für etwas Ungesundes hält. Er verabredet sich zwar mit ihr für den nächsten Tag, brummelt aber, als sie weg ist, „Dummes Luder, dummes" (HL S. 31/R S. 43).

Und schließlich will er seinen Chef Oskar trösten, dem Marianne den Verlobungsring vor die Füße geschmissen hat: „Weiber gibts wie Mist! [...] Die Weiber haben keine Seele, das ist nur äußerliches Fleisch!" (HL S. 31/R S. 44). Havlitschek repräsentiert also den Typus des gefühllosen Machos, das Bild einer wandelnden maskulinen Gewaltfantasie.

Gefühlloser Macho

## 3.5 Sachliche und sprachliche Erläuterungen

| HL S. 2/R S. 6 | Wiener Wald | Ausflugsgebiet südwestlich von Wien; offizielle Schreibweise: Wienerwald |
|---|---|---|
| HL S. 2/R S. 6 | Wachau | Bezeichnung für das Donautal zwischen Melk und Krems (Hauptort: Dürnstein) |
| HL S. 3, v. Z. 1/ R S. 7, Z. 9 f. | „Geschichten aus dem Wiener Wald" von Johann Strauß | Komposition von Johann Strauß (Sohn, 1825–1899); Originaltitel: „G'schichten aus dem Wienerwald" (1868) |
| HL S. 3, Z. 13/ R S. 7, Z. 25 | Kabriolett | Auto mit zurückklappbarem Stoffverdeck |
| HL S. 6, Z. 19/ R S. 11, Z. 13 | Saint-Cloud | Pferderennbahn in einem Vorort von Paris |
| HL S. 6, Z. 29/ R S. 11, Z. 24 | Schilling | seit 1924 Währung in Österreich (1 Schilling = 100 Groschen); 2001 abgelöst durch den Euro |
| HL S. 6, Z. 29/ R S. 11, Z. 24 | S'il vous plaît! | französisch: bitte, hier: Wenn's recht ist! |
| HL S. 6, Z. 30/ R S. 11, Z. 25 | Voilà! | französisch: Da! |
| HL S. 7, Z. 20/ R S. 12, Z. 27 | Maisons-Laffitte | Pferderennbahn in einem Vorort von Paris |
| HL S. 7, Z. 33 f./ R S. 13, Z. 5 | „Trauermarsch" von Chopin | 1. Satz der Klaviersonate in h-Moll von Frédéric Chopin (1810–1849) |
| HL S. 8, n. Z. 8/ R S. 13, Z. 25 | Fleischhauerei | österreichisch: Metzgerei |
| HL S. 8, n. Z. 8/ R S. 13, Z. 31 | Tabak-Trafik | österreichisch: Laden, Kiosk |
| HL S. 9, Z. 4/ R S. 14, Z. 28 | Rittmeister | Offizier in einer Reiterabteilung, unterhalb des Rangs eines Majors |

3.5 Sachliche und sprachliche Erläuterungen

| | | |
|---|---|---|
| HL S. 9, Z. 4 f./ R S. 14, Z. 28 f. | seit dem Zusammenbruch | damit ist der Zerfall der Österreichisch-Ungarischen Monarchie im Herbst 1918 gemeint; am 12. 11. 1918 wurde in Wien die Republik Deutsch-Österreich proklamiert |
| HL S. 9, Z. 18/ R S. 15, Z. 7 | Gourmand | Verwechslung der beiden französischen Ausdrücke „Gourmet" (= Feinschmecker) und „Gourmand" (= Vielfraß) |
| HL S. 10, Z. 25/ R S. 16, Z. 27 | der Krieg | Anspielung auf die sogenannte „Dolchstoßlegende", nach der das Ende des Ersten Weltkriegs nicht durch eine militärische Niederlage des deutschen Heeres im Feld bedingt sei |
| HL S. 11, Z. 15 f./ R S. 17, Z. 23 f. | Difficile est, satiram non scribere. | lateinisch: Es ist schwer, keine Satire zu schreiben. (nach Juvenal) |
| HL S. 14, Z. 25/ R S. 21, Z. 27 | Ave Caesar, morituri te salutant! | lateinisch: Ruf der Gladiatoren zu dem Kaiser (Sei gegrüßt, Kaiser! Die dem Tode Geweihten grüßen dich.) |
| HL S. 14, Z. 27 f./ R S. 21, Z. 30 | Walzer „In lauschiger Nacht" von Ziehrer | der österreichische Komponist Carl Michael Ziehrer (1843–1922) |
| HL S. 15, Z. 32 f./ R S. 23, Z. 11 | Le Tremblay | Pferderennbahn in der Nähe von Paris |
| HL S. 16, Z. 20/ R S. 24, Z. 20 | Chimborasso | österreichisch: Also, das ist der Gipfel! (nach dem Vulkan in Ecuador mit einer Gipfelhöhe von 6310 Metern |
| HL S. 17, Z. 16/ R S. 25, Z. 11 | Schwippschwager | umgangssprachlich: Ehemann der Schwägerin oder Bruder des Schwagers oder der Schwägerin |
| HL S. 17, Z. 29/ R S. 25, Z. 24 | Burgtheater | berühmtestes Theater in Wien, das 1776 zum „Hof- und Staatstheater" erklärt wurde |
| HL S. 17, Z. 42/ R S. 26, Z. 1 | die Brüder Karamasow | Titel eines Romans von Fjodor M. Dostojewski (erschienen 1880) |

3.5   Sachliche und sprachliche Erläuterungen

| | | |
|---|---|---|
| HL S. 18, Z. 7/ R S. 26, Z. 9 | Bolschewismus | Synonym für Kommunismus; die Bolschewiken waren der revolutionäre Flügel der Sozialdemokratischen Arbeiterpartei Russlands, aus der sich dann die KPdSU entwickelte |
| HL S. 19, Z. 25/ R S. 28, Z. 2 | Silentium | lateinisch: Ruhe! |
| HL S. 21, Z. 37/ R S. 30, Z. 36 | Jiu-Jitsu | in Japan entwickelte Technik der Selbstverteidigung |
| HL S. 22, Z. 13/ R S. 31, Z. 18 | gselchter Aff | österreichisch: geräucherter Affe |
| HL S. 25, Z. 11/ R S. 35, Z. 8 | molestieren | von lateinisch molestare: belästigen |
| HL S. 25, Z. 12/ R S. 35, Z. 10 | Jus | österreichisch: Studiengang Jura |
| HL S. 28, Z. 31/ R S. 39, Z. 31 | Badhur | in den Badehäusern des Mittelalters arbeiteten Bademägde mitunter als Prostituierte |
| HL S. 28, Z. 33/ R S. 39, Z. 34 | Krach in die Melon! | österreichisch: Es gibt Probleme! |
| HL S. 34, Z. 28/ R S. 48, Z. 12 | Queue | französisch: Billardstock |
| HL S. 34, Z. 34/ R S. 48, Z. 18 | Cherchez la femme! | französisches Motto für Männer auf der Suche nach der großen Liebe |
| HL S. 35, Z. 2/ R S. 48, Z. 22 f. | ein Märchen von Andersen | gemeint ist *Der unartige Knabe* von Hans Christian Andersen (1805–1875) |
| HL S. 35, Z. 6/ R S. 48, Z. 27 | buserieren | Fachsprache beim Billard: der Kugel einen heftigen Stoß versetzen |
| HL S. 35, Z. 20 f./ R S. 49, Z. 7 f. | in der heutigen Krise | bezogen auf die auch in Österreich spürbare Weltwirtschaftskrise |
| HL S. 35, Z.24/ R S. 49, Z. 12 | stante pede | lateinisch: sofort |

3.5   Sachliche und sprachliche Erläuterungen

| | | |
|---|---|---|
| HL S. 35, Z. 36/ R S. 49, Z. 26 | Donna | italienisch: Frau, Geliebte |
| HL S. 36, Z. 3/ R S. 49, Z. 33 | Bosniaken | Bewohner Bosniens und der Herzegowina |
| HL S. 37, Z. 20/ R S. 51, Z. 30 f. | leg den Schwar- zen für mich aus | österreichisch: Bezahl den Kaffee! |
| HL S. 38, Z. 6/ R S. 52, Z. 31 | Komtess | österreichisch: unverheiratete Gräfin |
| HL S. 41, Z. 14/ R S. 57, Z. 1 | Bankerten | nichteheliche Kinder |
| HL S. 43, Z. 32/ R S. 60, Z. 10 | Bams | österreichisch: Kind |
| HL S. 44, Z. 7/ R S. 60, Z. 20 | Memphis | österreichische Zigarettenmarke |
| HL S. 44, Z. 37/ R S. 61, Z. 15 | Sarajevo | Bezugnahme auf die Ermordung des österreichischen Thronfolgers Franz Ferdinand und seiner Frau Sophie am 28. 6. 1914 in Sarajevo; das Ereignis gilt als auslösender Faktor für den Ersten Weltkrieg |
| HL S. 45, Z. 4/ R S. 61, Z. 25 | Fauxpas | französisch: Verstoß gegen gesell- schaftliche Umgangsformen |
| HL S. 45, Z. 4 f./ R S. 61, Z. 26 | Lapsus linguae | lateinisch: Versprecher |
| HL S. 45, Z. 10/ R S. 61, Z. 32 | satisfaktionsfähig | nach dem Ehrenkodex berechtigt, in einem Duell Genugtuung zu for- dern |
| HL S. 50, v. Z. 1/ R S. 68, Z. 3 | Heuriger | Bezeichnung für Most und jungen Wein der letzten Ernte; gleichzeitig auch für Lokale in den Weinorten rund um Wien, in denen der neue Wein ausgeschenkt wird |

3.5　Sachliche und sprachliche Erläuterungen

| HL S. 50, Z. /<br>R S. 68, Z. 4 | Schrammelmusik | volkstümliche Wiener Musik (zwei Geigen, Gitarre und Ziehharmonika), benannt nach den Gebrüdern Johann und Josef Schrammel |
|---|---|---|
| HL S. 50, Z. 14/<br>R S. 68, Z. 22 | Nussdorf | berühmter Heurigenort bei Wien |
| HL S. 50, Z. 15/<br>R S. 68, Z. 23 | a Hetz, a Gstanz | österreichisch: Spaß |
| HL S. 50, Z. 19/<br>R S. 68, Z. 27 | Schwomma | österreichisch: Schwips, Rausch |
| HL S. 50,<br>n. Z. 19/<br>R S. 69, Z. 2 | Radetzkymarsch | nach dem populären österreichischen Feldmarschall Radetzky benannter Marsch von Johann Strauß (Vater, 1804–1849) |
| HL S. 50, Z. 24/<br>R S. 69, Z. 8 | Hand von der Putten! | österreichisch: Hände weg von den Brüsten! |
| HL S. 55, Z. 2/<br>R S. 74, Z. 15 | Plafond | österreichisch: Zimmerdecke |
| HL S. 59, Z. 4/<br>R S. 79, Z. 14 | Kusch! | österreichisch: Halt's Maul! |
| HL S. 60, Z. 4/<br>R S. 80, Z. 25 | Aversion | Abneigung |
| HL S. 65,<br>Z. 20 f./<br>R S. 88, Z. 5 | altruistisch | uneigennützig |
| HL S. 65, Z. 23/<br>R S. 88, Z. 8 | eingekastelt | österreichisch: eingesperrt |
| HL S. 67, Z. 41/<br>R S. 91, Z. 3 | Liaison | französisch: Liebesverhältnis |
| HL S. 68, Z. 10/<br>R S. 91, Z. 15 | das arme Hascherl | österreichisch: das bemitleidenswerte Kind |
| HL S. 69, Z. 17/<br>R S. 92, Z. 35 | Schlagerl | österreichisch: Schlaganfall |

3.5   Sachliche und sprachliche Erläuterungen

| | | |
|---|---|---|
| HL S. 70, Z. 16/ R S. 94, Z. 10 | Gang nach Canossa | Bezug auf den Bußgang des Kaisers Heinrich IV. nach Canossa im Jahre 1077, der damit erreichen wollte, das Papst Gregor VII. den zuvor ausgesprochenen Bann wieder löste |
| HL S. 73, v. Z. 30/ R S. 98, Z. 25 | Erdäpfel | österreichisch: Kartoffeln |
| HL S. 76, Z. 18/ R S. 102, Z. 4 | Kondolation | das Aussprechen von Beileid |

## 3.6  Stil und Sprache

**ZUSAMMEN-
FASSUNG**

Die Sprache der Personen ist im Wesentlichen ein klischee-
hafter Bildungsjargon mit Anklängen des Wiener Dialekts.
Auffallende Stilmittel sind die entlarvende Komik und Ironie
sowie die Verwendung von bildlichen Symbolen aus den Bereichen heile Welt, Sexualität und Tod.

Wer Stil und Sprache eines Theaterstücks analysieren möchte, muss
davon ausgehen, dass gerade beim modernen Theater unterschiedliche Sprachebenen und unterschiedliche Stilformen vorkommen.
Es geht also weniger um die Sprache des Stücks, sondern eher um
die Sprache der einzelnen Personen.

### Die Sprachebenen im Stück

Peter Wapnewski diagnostiziert in den *Geschichten aus dem Wiener
Wald* im Wesentlichen drei Sprachschichten:

**1. Der „Hohe Ton":**
Damit ist gemeint „das pathetische Sprichwortgut, die sentiment-
feuchte Maxime, der Talmiglitzer des fremdsprachigen Zitats"[16].

Zurschaustellung
eines gewissen
Bildungsniveaus

     Diese Sprachebene dient der Zurschaustellung eines gewissen
Bildungsniveaus, die Akteure operieren mit lateinischen Sprich-
wörtern, Zitaten von berühmten Schriftstellern, sie äußern sich
scheinbar wissend zu religiösen und ethischen Fragen, zu Musik
und Literatur.

16  Wapnewski, S. 130.

3.6  Stil und Sprache

Den hohen Ton verwenden vor allem:

→ der Hochstapler Alfred,

→ der Metzgermeister Oskar,

→ der Zauberkönig und

→ der aus Deutschland angereiste Neffe Erich.

Die Suche nach seinen Sockenhaltern, ein ganz banaler Vorgang, kommentiert der Zauberkönig mit dem **lateinischen Spruch** „Difficile est, satiram non scribere" (HL S. 11/R S. 17). Der brutale und sadistische Fleischhauer Oskar bemüht plötzlich **Goethe**, als er sich wieder Marianne zuwendet: „Denn so lang du dies nicht hast / Dieses Stirb und Werde! / Bist du noch ein trüber Gast / Auf der dunklen Erde!" (HL S. 72/R S. 97). Kurz vorher hat Alfred mit einem **Nietzsche**-Zitat („Nur wer sich wandelt, bleibt mit mir verwandt", ebd.) den Bildungsreigen eröffnet.

Im schäbigen Nachtklub ist sich der Conférencier nicht zu schade, die lebendigen Aktplastiken mit einem Goethe-Zitat anzukündigen: „Was du ererbt von deinen Vätern hast, erwirb es, um es zu besitzen!" (HL S. 56/R S. 75). Der Student Erich aus Kassel gibt sich beim Ausflug in den Wiener Wald als Kenner der **Oper** („Göttlicher Puccini!", HL S. 17/R S. 25), der **Literatur** („Kennen Sie die Brüder Karamasow?", HL S. 17/R S. 26) und der **Philosophie** (vgl. HL S. 19/R S. 27). So offenbart sich ein gekünstelter Bildungsjargon, mit dem man imponieren und die eigene gesellschaftliche Position aufwerten will.

*Gekünstelter Bildungsjargon*

Wie instabil diese Sprachebene ist, zeigt sich beispielsweise bei der Fremdwortverwechslung von Havlitschek (Gourmand/ Gourmet, HL S. 9/R S. 15) oder bei dem Kippen einzelner Personen in einen fast schon vulgären Umgangston (Grobianismus). Auch Fleischhauer Oskar muss nach einer ironischen Intervention von Marianne zugeben: „Das sind doch nur Kalendersprüch'!" (HL S. 73/R S. 97).

3.6   Stil und Sprache

## 2. Der „Mittlere Ton":

Entfremdete
Sprache des
Kleinbürgertums

Dieser macht die große Masse der gewechselten Worte aus. Dies ist
scheinbar eine geläufige Umgangstonart, in Wahrheit aber ein „ge-
stelztes, artifizielles Reden von gequälter Selbstverständlichkeit",
eben jene „uneigentliche Sprache", „jene „Sprache der Entfrem-
dung"[17], die Horváth als Merkmal des Kleinbürgertums erkannt hat.

Keine individuelle
Sprache, nur
Zitiertes

Diese beiden Sprachschichten bezeichnet Horváth als „Bildungsjargon", ein Sprache, die sich der „Versatzstücke aufgeschnapp-
ter, halbverstandener Sprachreservoirs"[18] bedient. Das heißt, die
Figuren sind nicht fähig, zu ihrer eigenen individuellen Sprache zu
finden, sie bewegen sich in einem „Zitier-Universum". Die Figuren
treten auf und nehmen den Mund voll mit Vorgekautem, schon Ge-
sagtem. Sie stellen sich auf die Bühne und geben Bekanntes von
sich. Sie können durchaus eine Ahnung davon haben, was für sinn-
loses Zeug sie reden; dass sie es trotzdem tun, macht so etwas wie
verbale, ja seelische Hochstapelei daraus. Sie benutzen eine Phra-
seologie, d. h. **klischeehaftes Sprachmaterial** zur Überdeckung
einer inneren Leere, einer Perspektivlosigkeit.

## 3. Der Rückfall in die Mundart:

Der Rückfall in die Mundart, in die Heimat des Sprechenden, in
den Dialekt[19] beschreibt die dritte Sprachebene. Horváth selbst hat
einmal erklärt, dass seine Stücke mehr oder minder bayerisch oder
österreichisch betonte Dialektstücke seien.

Stilisierter Dialekt

In diesem Falle ist es der österreichisch-wienerische Dialekt,
der von einigen Akteuren allerdings in sehr abgeschwächter Form

---

17   Wapnewski, S. 131.
18   Balme, S. 43.
19   Vgl. Wapnewski, S. 131.

3.6 Stil und Sprache

gesprochen wird (stilisierter Dialekt). Einzelne **mundartliche bzw. umgangssprachliche Formen** fließen z. B. beim Zauberkönig in die Äußerungen ein. Beispiele sind:

→ die durch Elision verkürzten Verbformen (hätt, möchte, wär) oder Substantive (Sprüch),

→ verkürzte Verbindungen mit dem Pronomen „es" (gibts, werds, brennts),

→ typische Wiener Verniedlichungen (Mutterl, Pupperl) sowie einige Umstandswörter (heroben) und Füllwörter (halt).

Typisch wienerisch sind auch übliche Höflichkeitsfloskeln, die man von dem Rittmeister, dem Hierlinger oder Conférencier hört (Küss die Hand, darf ich bitten, Kompliment). Im Kapitel 3.5 Sachliche und sprachliche Erläuterungen S. 66 ff. finden sich zahlreiche typisch österreichische Ausdrücke (Schlagerl, Hetz, Schwomma, Bams, gselchter Aff, molestieren etc.).

    Das Problem für eine Bühnenaufführung ist nun, dass Horváth in seiner *Gebrauchsanweisung* einmal gefordert hat, es dürfe in seinen Stücken kein Wort Dialekt gesprochen werden (vgl. dazu den Auszug im Kapitel 5. Materialien S. 118 ff.). Dies ist aber bei den *Geschichten aus dem Wiener Wald* unmöglich, da ja Horváth selber die Dialektformen in den Text eingefügt hat.

*Problematik des Dialekts*

### 4. Die authentische Sprache:

Auch eine vierte Sprachebene könnte noch erkannt werden: es ist die unverstellte, authentische Sprache, die in bestimmten Situationen gesprochen wird, wenn Angst oder Verzweiflung Wahrhaftigkeit fordern. So etwa bei Mariannes Beichte im Stephansdom, bei ihrer emotionalen Trennung von Oskar und bei der Offenlegung ihrer ausweglosen Situation gegenüber dem Vater.

*Unverstelltes Sprechen*

3.6 Stil und Sprache

## Stilmittel und Symbole

Groteske und
Karikatur

Die beiden hauptsächlich benutzten Stilmittel sind zum einen die **Komik als Entlarvung** und zum anderen die **Ironisierung von Charakteren**. Komik bedeutet jedoch keineswegs unbefangene Heiterkeit, sondern eher befangenes Lachen über das Groteske mancher Situationen oder Dialoge. Ironisiert werden einige Personen, die praktisch als Karikatur gezeichnet werden:

→ Erich, der deutschnationale Preuße,

→ Havlitschek, der sadomasochistische Metzgergeselle,

→ der Mister als reicher Amerikaner, der alles für käuflich hält,

→ der Rittmeister als trauriger Rest einer untergegangenen Epoche des Kaisertums.

Gegensatz
Stadt–Land

Dazu kommt eine bewusst eingesetzte Bildsymbolik, die sich einerseits auf die Schauplätze bezieht: hier steht „Draußen in der Wachau" für die vorgetäuschte Idylle einer heilen ländlichen Welt und „Stille Straße im achten Bezirk" für die Problematik des städtischen Kleinbürgertums. Andererseits spielt Horváth ganz gezielt mit den Motiven der Sexualität und des Todes:

Todessymbolik

→ Messer zum Sauabstechen in der Metzgerei,

→ Grab des verstorbenen Mannes von Valerie,

→ Totenmesse für die verstorbene Mutter von Oskar,

→ Skelett in der Auslage der Puppenklinik,

→ Todesnähe des Zauberkönigs nach einem Schlaganfall.

Einige Literaturwissenschaftler sprechen in diesem Zusammenhang von einem Wienerischen Totentanz einer untergehenden Gesellschaft.

## 3.7  Interpretationsansätze

ZUSAMMEN-
FASSUNG

→ Der Gattungsbezug: Was versteht Horváth unter einem
   „Volksstück"?
→ Das zentrale Motiv: die Dummheit
→ Das Stück als Soziogramm des österreichischen Klein-
   bürgertums in der Zwischenkriegszeit
→ Die Ware Liebe: Einstellungen zur Zweierbeziehung
   zwischen Käuflichkeit und Empathie
→ Der gescheiterte Versuch einer Emanzipation am Beispiel
   der Hauptperson Marianne
→ Die Musikalität des Theaterstücks
→ Formen der dialogischen Kommunikation im Drama

### Gattungsbezug: Volksstück

Ödön von Horváth nennt die *Geschichten aus dem Wiener Wald* be-   Textgattung mit
wusst ein „Volksstück in drei Teilen" und beruft sich damit auf   Tradition
eine Tradition dieser Gattung, die schon im 18. Jahrhundert beginnt.

In vordergründiger Sichtweise könnte man zunächst definieren:
Ein Volksstück ist ein Stück über das Volk, gespielt für das Volk. Doch
schon die Frage, wer überhaupt das Volk ist, bringt den Analytiker in
Schwierigkeiten. Nachdem 1989 sich die Opposition in der DDR mit
der Parole „Wir sind das Volk" gegen die SED-Regierung erhoben
hat und nun rechtspopulistische bis rechtsradikale Gruppierungen
mit denselben Schlagwörtern auf die Straße gehen, erscheint eine
differenzierte Betrachtung des Begriffs angebracht.

Dazu helfen Passagen aus einschlägigen Literatur-Lexika. Bei
Otto F. Bests *Handbuch literarischer Fachbegriffe* wird das Volks-

3.7   Interpretationsansätze

stück als „Theaterstück für die Volksbühne"[20] definiert; „im Unterschied zur Dorfkomödie des Land-Volkes ist es eine für das Stadt-
Volk bestimmte und Stoff aus dessen Lebensumkreis schöpfende
Volkskomödie, meist mit Musik und Tanzeinlagen, schlicht, gefühl-
voll volkstümlich und oft eher anspruchslos"[21].

Hans Gerd Rötzer sieht den Begriff zunächst schwer greifbar.
Man könne ihn eher aus den Beispielen erklären, als anhand einer
Gattungsbeschreibung. Das Volksstück habe jedenfalls nichts mit
dem kommerziellen Unterhaltungstheater (Ohnesorg-Theater, Mil-
lowitsch-Theater usw.) zu tun, das im Fernsehen höchste Einschalt-
quoten erreichte. „Zum Volksstück gehört der gesellschaftskritische
Aspekt; es ist ein Theater von unten, das sich im Inhalt und durch sein
Publikum vom bürgerlichen Bildungstheater unterscheidet."[22] Als
Beispiele werden genannt: Schillers bürgerliches Trauerspiel *Ka-
bale und Liebe* (1784), Büchners Dramenfragment *Woyzeck* (1836)
und Hebbels *Maria Magdalena* (1844). Eine Vorbildfunktion hatte
für Horváth das Wiener Volksstück. Seit 1776 durfte das Wiener
Burgtheater durch kaiserlichen Erlass nur hohes Schauspiel auf-
führen, die Inszenierung anderer Stücke wurden in die Vorstadt-
theater verlegt. Bei Ferdinand Raimund (1790–1836) und Johann
Nepomuk Nestroy (1801–1862) wurden dann aus den Prinzessin-
nen und Prinzen des barocken Hoftheaters einfache Leute, die red-
lich ihr Glück versuchten. Ludwig Anzengruber (1839–1889) ver-
wandelte das Wiener Volksstück in ein soziales Dorfdrama; seine
Themen waren die Widersprüche zwischen gelernter Katechismus-
moral und dem tatsächlichen Verhalten der Betroffenen. Ludwig
Thoma (1867–1921) siedelte seine Gesellschaftskritik im klein-

Beispiele für
Volksstücke

Das Wiener
Volksstück: Vor-
bild für Horváth

---

20  Best, S. 308.
21  Ebd.
22  Rötzer, S. 219 f.

3.7  Interpretationsansätze

städtischen Milieu an (*Moral*, 1908). Carl Sternheims (1878–1942) Ausschnitte *Aus dem bürgerlichen Heldenleben* verschärften die Kritik zur entlarvenden Satire.

Das kritische Volksstück war kein Beruhigungstheater, sondern es hielt seinem Publikum den Spiegel vor; es prangerte nicht nur soziale Missstände an, sondern kritisierte auch das Fehlverhalten der Betroffenen selbst. Wichtige Beispiele dafür sind im 20. Jahrhundert die Stücke von Marieluise Fleißer (z. B. *Fegefeuer in Ingolstadt*, 1926). In den Sechzigerjahren erlebte das gesellschaftskritische Volksstück eine neue Renaissance. Franz Xaver Kroetz (geb. 1946) sah in Marieluise Fleißer sein großes Vorbild; zu nennen sind auch Martin Sperr (1944–2002) und Rainer Werner Fassbinder (1945–1982). „Diese neue Generation der Volksstücksautoren stellt den Wirklichkeitsverlust und die Sprachlosigkeit ihrer Gestalten aus dem kleinbürgerlichen und proletarischen Milieu dar."[23]

*Das kritische Volksstück*

### Horváths Volksstück

In seiner sogenannten *Gebrauchsanweisung* erläutert Horváth seine Vorstellung von einem Volksstück:

> „Vor sechs Jahren schrieb ich mein erstes Stück *Die Bergbahn*, und gab ihm den Untertitel und Artbezeichnung: ‚Ein Volksstück'. Die Bezeichnung Volksstück war bis dahin in der jungen dramatischen Produktion in Vergessenheit geraten. Natürlich gebrauchte ich diese Bezeichnung nicht willkürlich, das heißt, nicht einfach deswegen, weil das Stück ein bayerisches Dialektstück ist und die Personen Streckenarbeiter sind, sondern deshalb, weil mir so etwas wie eine Fortsetzung, Erneuerung des alten Volksstückes vorgeschwebt ist – also eines Stückes, in dem

*Ein Stück, das Probleme auf volkstümliche Art behandelt*

---

23  Ebd.

3.7 Interpretationsansätze

Probleme auf eine möglichst volkstümliche Art behandelt und gestaltet werden, Fragen des Volkes, seine einfachen Sorgen, durch die Augen des Volkes gesehen. Ein Volksstück, das im besten Sinne bodenständig ist und das vielleicht wieder Anderen Anregung gibt, eben auch in dieser Richtung weiter mitzuarbeiten – um ein wahrhaftiges Volkstheater aufzubauen, das an die Instinkte und nicht an den Intellekt des Volkes appelliert.

Zu einem Volksstück, wie zu jedem Stück, ist es aber unerlässlich, dass ein Mensch auf der Bühne steht. Ferner: der Mensch wird erst lebendig durch die Sprache.

Nun besteht aber Deutschland, wie alle übrigen europäischen Staaten zu neunzig Prozent aus vollendeten oder verhinderten Kleinbürgern, auf alle Fälle aus Kleinbürgern. Will ich also das Volk schildern, darf ich natürlich nicht nur die zehn Prozent schildern, sondern als treuer Chronist meiner Zeit, die große Masse. Das ganze Deutschland muss es sein!

Es hat sich nun durch das Kleinbürgertum eine Zersetzung der eigentlichen Dialekte gebildet, nämlich durch den Bildungsjargon. Um einen heutigen Menschen realistisch schildern zu können, muss ich also den Bildungsjargon sprechen lassen. Der Bildungsjargon (und seine Ursachen) fordern aber natürlich zur Kritik heraus – und so entsteht der Dialog des neuen Volksstückes, und damit der Mensch, und damit erst die dramatische Handlung – eine Synthese aus Ernst und Ironie.

Synthese aus
Ernst und Ironie

Mit vollem Bewusstsein zerstöre ich nun das alte Volksstück, formal und ethisch – und versuche die neue Form des Volksstückes zu finden. Dabei lehne ich mich mehr an die Tradition der Volkssänger und Volkskomiker an, denn an die Autoren der klassischen Volksstücke."[24]

---

24 Zit. n.: Krischke/Hildebrandt, 1972, S. 128 f.

## Das zentrale Motiv: Die Dummheit

Ödön von Horváth hat den *Geschichten aus dem Wiener Wald* ein
Motto vorangestellt: „Nichts gibt so sehr das Gefühl der Unendlichkeit als wie die Dummheit". Es stellt sich also die Frage, welche
Art von Dummheit Horváth meint und was er unter einem Gefühl
der Unendlichkeit versteht.

*Das Motto des Stücks*

Der Literaturwissenschaftler Wilhelm Emrich kommt zu dem
Schluss, dass die von Horváth apostrophierte Dummheit weniger
ein intellektuelles Defizit, sondern eher ein Instrument des Bewusstseins ist, „mit dessen Hilfe es sich allen Kalamitäten, unbequemen
Konflikten und harten Selbsterkenntnisprozessen zu entziehen versucht"[25]. So entsteht durch „willentliche Ignoranz, bewusstes Igno-
rieren von Fakten" ein Gefühl der Unendlichkeit, „d. h. der euphori-
schen Selbstbestätigung, Macht, Freiheit und ungetrübter Gewiss-
heit, im Recht zu sein"[26]. Die Dummheit entlarvt sich in floskelhafter Sprache, in Verwechslungen, unreflektierten Aussagen und in
mangelnder Konsequenz.

*Die Dummheit entlarvt sich in floskelhafter Sprache*

Während man bei Alfred eine gewisse Bauernschläue und ge-
wieftes Taktieren feststellen kann, liegt die Dummheit von Marianne eher in ihrer Naivität, in ihrer Arglosigkeit. Sie sagt zu Alfred:
„Ich bin nur froh, dass du nicht dumm bist – ich bin nämlich von
lauter dummen Menschen umgeben. Auch Papa ist kein Kirchen-
licht" (HL S. 27/R S. 37). Umgekehrt stellt Alfred ihr die Frage, ob
sie ihn „vernünftig" (ebd.) lieben könne. Marianne kann ihrerseits
nicht ermessen, was unter dieser berechnenden Vernunft zu verstehen ist: nämlich ein unverbindliches Verhältnis ohne gegenseitige
Verantwortung, eine schlampige Beziehung, die es Alfred weiter
ermöglichen würde, die lukrative Beziehung zu Valerie fortführen

*Alfreds und Mari-annes Verständnis von Dummheit*

---

25  Emrich, S. 187.
26  Ebd.

3.7 Interpretationsansätze

zu können, und die Marianne in der wirtschaftlich gesicherten Ehe mit Oskar belassen würde.

Aus aktuellem Anlass hat der österreichische Kabarettist Josef Hader seine Definition von Dummheit niedergeschrieben. In einer Analyse des Verhaltens des österreichischen Politikers H. C. Strache, der von einer fiktiven russischen Oligarchin in eine Luxusvilla auf Ibiza eingeladen worden war und dort entlarvende Aussagen über sein Demokratieverständnis getätigt hatte, schreibt Hader:

> „Es gibt tatsächlich eine große, weltumspannende Macht, die jeden von uns fest im Griff hat [...]. Sie heißt Dummheit [...]. Dummheit ist viel mächtiger als zum Beispiel Gier, Skrupellosigkeit, Machtstreben und andere schlechte Eigenschaften, die für die Erklärung menschengemachter Katastrophen gerne herangezogen werden. Diktatoren, Religionsführer und Wirtschaftsbosse wären ziemlich erfolglos ohne die Dummheit derer, die begeistert mit marschieren, jeden Unsinn glauben [...]. Ohne die große allumfassende Dummheit wären böse Menschen ein individuelles Problem und bekämen keine Gelegenheit, erfolgreiche Massenmörder zu werden"[27].

## Soziogramm des österreichischen Kleinbürgertums in der Zwischenkriegszeit

Aus dem Jahr 1930 stammt ein Romanprojekt von Horváth mit dem geplanten Titel *Der Mittelstand*, das jedoch nie vollendet wurde. Darin findet sich die Aussage: „Der Mittelstand ist eine Klasse, eine eigene zwischen zwei anderen, heute. Seine Grenzen verwischen

---

27  Hader, Josef: *Herr Strache und die Weltgeschichte.* In: „Süddeutsche Zeitung" vom 27. 5. 2019, S. 12.

3.7 Interpretationsansätze

sich, aber es ist doch eine Klasse, kein Übergang, eine Klasse mit eigener Ideologie"[28]. Für Horváth ist der Mittelstand, der fast 90 % der Bevölkerung von 1930 ausmachen soll, also ein Gegenstand der Zeit- und Ideologiekritik. Die Bandbreite seiner Personen reicht vom Metzgergehilfen über den Ladenbesitzer bis zum Rittmeister der Kavallerie. Allen gemeinsam ist ein kleinbürgerliches Bewusstsein, dessen „Dummheit" demaskiert werden soll. Dieses Bewusstsein will Horváth gar nicht so sehr aus der politischen und gesellschaftlichen Lage erklären, denn seine Hauptpersonen sind keineswegs Opfer der Weltwirtschaftskrise, sind nicht von Arbeitslosigkeit oder von drastischem sozialem Abstieg bedroht. Dass der Zauberkönig am Ende des Stücks vielleicht seinen Laden schließen muss, hat die Gründe eher darin, dass er seine Tochter verstoßen und gesundheitliche Probleme hat. Die Wirrungen der Zwischenkriegszeit von 1918 bis 1939 werden zwar wahrgenommen, jedoch nicht rational verarbeitet. Stattdessen flüchten die handelnden Personen in unhinterfragte Rituale, in Alkohol und in einen Sadismus, der meist unter der Decke der Bürgerlichkeit verborgen bleibt. Besonders kritisch porträtiert Horváth die Sprache dieser gesellschaftlichen Großgruppe, bei der halb verstandene Bildungsreste, Floskeln und kommunikative Leerformeln ausgetauscht werden.

Horváth versteht „Kleinbürger" und „Mittelstand" nicht im ökonomischen, sondern im soziologischen Sinn. Er denkt dabei an ein Selbstverständnis, an einen bestimmten Lebensstil. Die beiden Begriffe werden von ihm synonym gebraucht.

Parallel zu dem Niedergang des alten Mittelstandes entstand durch die technische und wirtschaftliche Entwicklung der „neue" Mittelstand: Beamte und vor allem Angestellte, die über qualifi-

*Der Mittelstand als Gegenstand der Zeit- und Ideologiekritik*

*Demaskierung des kleinbürgerlichen Bewusstseins*

———

28   Zit. n.: Wolf, S. 202.

3.7   Interpretationsansätze

zierte Kenntnisse und Erfahrungen verfügten. Es gab neue Berufe
und Arbeitsplätze. Frauen konnten als Stenotypistin, Sekretärin und
besonders als Verkäuferin in den neu entstehenden Warenhäusern
tätig sein.

### Der Mittelstand in Horváths Stück

In Horváths Stück dominieren die Personen aus dem „alten Mittelstand". Wenn Valerie über den Zauberkönig sagt: „Diese Sorte
stirbt nämlich aus" (HL S. 57/R S. 77), so ist das ein Hinweis auf den
Niedergang dieser sozialen Schicht, die er verkörpert. Das Figuren-
spektrum des Stückes will alle Gruppen berücksichtigen, allerdings
bleiben die Unselbstständigen unterrepräsentiert. **Angehörige des
kleinen Gewerbes und des Kleinhandels** sind der Metzger Oskar,
der sich noch einen Gehilfen leisten kann, der Zauberkönig, der
nur mit der Hilfe seiner Tochter Marianne bestehen kann, und die
Tabak-Trafikantin und **Beamtenwitwe** Valerie, die ihren Unterhalt
durch Zimmervermietung aufbessert.

Zu dieser Gruppe gehört auch der arbeitslose **Bankangestellte**
Alfred, der sich in mehreren „Jobs" versucht. Seine Mutter und
seine Großmutter verwalten eine Burgruine und haben kleine Er-
sparnisse. Den Aufstieg zum Bürgertum will der Jurastudent Erich
schaffen, der in der Industrie Karriere machen will.

Hinzu kommen **sozial Degradierte aus der Aristokratie oder
dem Militär** der Vorkriegszeit: der pensionierte Rittmeister, der
dem Krieg nachtrauert, und die Baronin. Sie hat zwar einen Dienst-
boten und verfügt über einen Salon, ist aber in dunkle Nacht-
klubgeschäfte eingestiegen und einem dubiosen Subjekt wie dem
Hierlinger Ferdinand verpflichtet.

Zum Vergleich noch ein Blick in die jüngere Vergangenheit: Die
Sinus-Milieustudie definierte das kleinbürgerliche Milieu der Bun-
desrepublik Deutschland in den 1980er Jahren wie folgt:

3.7 Interpretationsansätze

„Der soziologische Begriff Kleinbürger ist zu verstehen als eine etwas plakative Bezeichnung für die Lebensorientierung von fast einem Viertel der bundesrepublikanischen Bevölkerung. Hinsichtlich der sozialen Lage repräsentiert dieses Milieu sozusagen die Mitte, den traditionellen Mainstream unserer Gesellschaft: mittlere Bildungsabschlüsse, mittlere Einkommensgruppen, viele kleine bis mittlere Angestellte und Beamte sowie kleine und mittlere Selbstständige. Die kleinbürgerliche Leib- und Magenphilosophie lautet: Man muss im Leben etwas Anständiges erreichen. Dazu muss man die gebotenen Möglichkeiten nutzen, denn: ‚Es fällt einem nichts in den Schoß‘ und ‚Jeder ist seines Glückes Schmied‘ […]. Wenn man es im Beruf zu etwas gebracht hat, wenn das Eigenheim schuldenfrei ist und sich die Kinder vorteilhaft entwickeln, kann man zufrieden sein mit dem Erreichten, kann man einstimmen in das typische Credo dieses Milieus: Alles soll so bleiben wie es ist. Viele Kleinbürger erreichen dieses Lebensziel, bringen es mit Sparsamkeit und Mäßigung zu bescheidenem Wohlstand […]. Das Erreichte muss freilich abgesichert werden. Das gilt für jede Phase des Lebens: von einer soliden Berufsausbildung bis zur Sterbeversicherung. Das Streben nach Sicherheit prägt dieses Milieu wie kein anderes. Alterssicherung, Rücklagen, Besitz sind ‚bleibende Werte‘, die man letzten Endes für wichtiger hält als beruflichen Erfolg und gesellschaftlichen Aufstieg. Die traditionellen Werte gelten den Kleinbürgern noch etwas: Ehrfurcht, Sauberkeit, Fleiß und Zielstrebigkeit werden hoch gehalten […]. Man legt in diesem Milieu Wert auf ein geordnetes, harmonisches Familienleben. Besonders für die Frauen sind Heim und Familie die Mittelpunkte des Lebens, wo sie ihre Sehnsucht nach Geborgenheit, nach Harmonie und Beständigkeit zu verwirklichen suchen. […] Personen dieses Milieus sind häufig bestrebt, eine

*Beschreibung des kleinbürgerlichen Milieus*

3.7 Interpretationsansätze

private Idylle aufzubauen (Briefmarken sammeln, Schrebergarten, Hobbywerken, Gesangverein etc.).“[29]

### Die Liebe ist ein seltsames Spiel

Von dem kanadischen Songwriter Bruce Cockburn gibt es das Lied „Lovers In A Dangerous Time“. Für Connie Francis schrieb der Texter Bernd Goeke den deutschen Titel „Die Liebe ist ein seltsames Spiel“. So ähnlich könnten auch Überschriften zu dem Theaterstück von Ödön von Horváth lauten. Er zeigt uns an mehreren Personen die Unfähigkeit zur Liebe, zur empathischen Beziehung. Denn diese ist in den Zeiten sozialer Existenzängste und der Dominanz des Materialismus fast nicht mehr möglich.

*Marianne: Fähigkeit zur Liebe*

Die einzige Gegenposition wird von der Hauptperson **Marianne** verkörpert, die in ihrem fast naiv wirkenden Glauben an und in ihrer unbeirrlichen Hoffnung auf die Liebe an zwei bekannte Figuren der Theatergeschichte erinnert: an das Gretchen aus Goethes *Faust I* (1808) und an die Shen Te in Brechts *Der gute Mensch von Sezuan* (vgl. dazu auch S. 90 dieser Erläuterung). In der Szene „Im Stephansdom“ bekennt Marianne – ähnlich wie Margarethe im Dom –: „Ich dachte mal, ich hätte den Mann gefunden, der mich ganz und gar ausfüllt“ (HL S. 49/R S. 66). Ihr Verhältnis zu Alfred verweist deutlich auf die Beziehung der Prostituierten Shen Te zu dem Flieger Yang Sun in Brechts 1940 entstandenem Stück.

*Alle männlichen Protagonisten: Unfähigkeit zur Liebe*

Ganz anders verhält es sich bei den männlichen Protagonisten Alfred, Oskar, Havlitschek, dem Zauberkönig und dem Mister:

**Alfred** ist ein zutiefst berechnender Liebhaber, der vor allem von dem Gedanken beseelt ist: „Was springt für mich heraus?“ Diese Haltung kaschiert er zwar durch allerlei Bildungsgeschwätz und

---

29 https://www.manfred-bolte.de/seite14.htm (Stand Juli 2019).

3.7  Interpretationsansätze

Selbstkritik, grundsätzlich ist er aber nicht zu einer vertraulichen Zweierbeziehung fähig.

Der Metzgermeister **Oskar** ist natürlich an dem bürgerlichen Institut der Ehe interessiert, man merkt aber bald, dass dies nur eine äußerliche Fassade ist, hinter der verdeckte Brutalität und Anpassung an Konventionen lauern.

Der Metzgersgehilfe **Havlitschek** sieht in Frauen (er nennt sie „Weiber") letztlich nur Sexual-Objekte, von denen es zum Glück genügend gibt, die keine Seele haben – nur äußerliches Fleisch – und die demnach nicht schonend behandelt werden müssen (vgl. HL S. 31/R S. 44).

Der **Zauberkönig** verwechselt die Ehe mit einer Geschäftsbeziehung, die im Sinne des Patriarchats funktionieren muss. Dem Mann steht es aus seiner Sicht zu, sich sexuelle Befriedigung außerhalb der Ehe zu suchen.

Der **Mister** erläutert in der Szene „Beim Heurigen" seine Unfähigkeit zur Liebe: „Ich bin nämlich innerlich tot. Ich kann halt nur mehr mit Prostituierten was anfangen – das kommt von den vielen Enttäuschungen, die ich schon hinter mir hab" (HL S. 57/ R S. 77).

### Marianne – Versuche einer Emanzipation

Im Mittelpunkt des Theaterstücks steht die Person der Marianne mit ihrem (gescheiterten) Versuch einer Emanzipation, einer Auflehnung gegen die herrschende Moral.

Sie widersetzt sie sich dem Prinzip der vernünftigen Heirat, die nur der Existenzsicherung dient und die ihr praktisch vom Vater auferlegt wurde. Sie erkennt, dass der vorhergesehene Ehemann, der Metzgermeister Oskar, zwar ein braver Kleinbürger ist, aber kein Mann, den man wirklich lieben kann. Stattdessen lässt sie sich – allerdings im Zustand der Naivität und Verblendung – auf den char-

Widersetzt sich der Vernunftehe

3.7   Interpretationsansätze

manten, jedoch unseriösen Alfred ein, den sie irrtümlich für einen intelligenten und feinen Menschen hält.

**Widersetzt sich der Autorität des Vaters**

Sie widersetzt sich der Autorität des Vaters und kündigt engagiert an: „Jetzt bricht der Sklave seine Fessel" (HL S. 29/R S. 40). So will sie den Vater-Tochter-Konflikt lösen, „der durch die typischen Probleme eines Kleinhandelsgeschäfts nach der Stabilisierungsphase und die spezifischen Sozialisationsformen der alt-mittelständischen Kleinfamilie bedingt ist"[30]. Die scheinheiligen Andeutungen von Alfred durchschaut sie nicht und flüchtet sich in floskelhafte Selbstgewissheit: „Lass mich aus dir einen Menschen machen [...]. Von dir möcht ich ein Kind haben" (HL S. 29/R S. 40 f.).

**Verteidigt ihr uneheliches Kind**

Marianne hält auch nach der Geburt ihres Sohnes an ihrem Lebensprojekt fest, obwohl immer deutlicher wird, dass sie in eine prekäre soziale Lage rutscht und keine Unterstützung durch Alfred hat. Sie verteidigt auch ihre fast erzwungene Versuche einer Abtreibung und das Festhalten an einer unehelichen Beziehung. Gegenüber der kirchlichen Autorität des Beichtvaters im Stephansdom steht sie zu ihrer Entscheidung. Sie ist glücklich über ihr uneheliches Kind und erwartet von der Kirche nicht Strafe, sondern Hilfe.

**Zwiespalt zwischen Emanzipation und Lebenssicherung**

Marianne würde gerne die Rolle der Frau verkörpern, die durch eigene Arbeit Geld verdienen, die sich finanzielle Unabhängigkeit und damit Gleichberechtigung erkämpfen will. Ihre Tragik besteht darin, dass diese Arbeit eine Form von Prostitution ist, und dass sie sich nicht klar zwischen der Rolle der zu Hause lebenden Mutter und der selbstbewussten Frau des 20. Jahrhunderts entscheiden kann. Immer wieder muss sie Kompromisse eingehen, die am Ende in die wahrscheinliche Katastrophe führen: Tod des Kindes, Rück-

---

30  Erken, S. 147.

3.7   Interpretationsansätze

orientierung zur Unterwerfung unter den dominanten Vater und
den möglichen Ehemann Oskar.

Eine Vorstufe zu der Endfassung von *Geschichten aus dem Wiener
Wald* trug den Titel *Ein Fräulein wird verkauft* (vgl. dazu Kapitel 3.1
Entstehung und Quellen S. 29 f.). Dementsprechend geht es in dem
Volksstück um „Erotik als Ware"[31], was jedoch nicht nur junge Frau-
en, sondern auch junge Männer betrifft. Marianne soll aus Gründen
der Geschäftsökonomie des darniederliegenden Spielzeugladens
ihres Vaters mit dem relativ wohlhabenden Fleischhauer Oskar verheiratet werden. „Mariannes erotischer Warencharakter […] wird
dabei von Anfang an ins (Bühnen-)Bild gesetzt"[32]. Horváth lässt sie
als Arrangeurin der Auslage – fast wie in einer modernen Peep-
Show – selbst im Schaufenster erscheinen, wo sie vom Passanten
Alfred wohlgefällig betrachtet wird.

### Scheiternde Frauenfiguren in der Literaturgeschichte

Es lohnt sich, die Figur der Marianne mit anderen, ähnlich gela-
gerten Frauenfiguren der Literatur zu vergleichen: Margarethe in
Goethes *Faust*, Klara in Hebbels *Maria Magdalena* (1844), Shen Te
in Brechts *Der gute Mensch von Sezuan* und Effi Briest in dem gleich-
namigen Roman von Fontane (1894).

---

31   Bertschik, S. 150.
32   Ebd., S. 151.

3.7   Interpretationsansätze

| PERSON / LITERARISCHES WERK | INHALTLICHE PARALLELEN |
|---|---|
| **Margarethe** in Johann Wolfgang von Goethes *Faust* | Gretchen macht sich durch die Beziehung zu Faust schuldig: ihre Mutter stirbt an dem verabreichten Schlafpulver, Gretchen tötet ihr uneheliches Kind und verfällt im Kerker in Wahnsinn. |
| **Klara** in Friedrich Hebbels *Maria Magdalena* | Klara wird von Leonhard sitzen gelassen, obwohl sie von ihm ein Kind erwartet. Klaras eigentliche Liebe, ein Sekretär, will sie unter diesen Umständen nicht zur Frau. Für Klara bleibt als Ausweg nur der Selbstmord (Sturz in den Brunnen). |
| **Shen Te** in Bertolt Brechts *Der gute Mensch von Sezuan* | Die Prostituierte Shen Te erhält von drei Göttern Geld, weil sie ihnen als Einzige in Sezuan ein Nachtlager geboten hat. Doch ihre Gutmütigkeit bringt ihr anschließend Probleme. Sie verliebt sich in den arbeitslosen Flieger Yang Sun, dem es jedoch auch nur um Shen Tes Geld geht. |
| **Effi Briest** in dem gleichnamigen Roman von Theodor Fontane | Effi wird mit dem 21 Jahre älteren Baron von Innstetten verheiratet. Die Bekanntschaft mit dem charmanten Major von Crampas führt zu einer heimlichen Beziehung. Innstetten erfährt von diesem Seitensprung, tötet Crampas im Duell und lässt sich von Effi scheiden. Diese lebt dann – auch verstoßen von ihren Eltern – zunehmend kränkelnd in einer kleinen Berliner Wohnung. |

## Die Tonspur des Theaterstücks

Die Gemütlichkeit der Musik als Kontrast zur harten Realität

Ödön von Horváths Theaterstücke sind „von musikalischen Werken, Motiven und Strukturen sowie ihrer Beziehung zum Text geprägt"[33]. Horváth zitiert aus einem bildungs- bzw. kleinbürgerlichen Kanon, er bringt das gesamte Arsenal des traditionellen Wiener

---

33   Kappeler, S. 81.

3.7  Interpretationsansätze

Volksstücks auf die Bühne, um zu zeigen, dass alles in Wirklichkeit
ganz anders ist. Die Gemütlichkeit der Wiener Musik wird kontras-
tiert mit der Härte der sozialen Realität. So entsteht ein **bewuss-
ter Verfremdungseffekt**, wenn zum Klavierspiel der Realschülerin
der Metzgersgeselle Havlitschek ein Messer in der blutigen Hand
hält, wenn zu Mariannes demütigendem Nacktauftritt Robert Schu-
manns „Träumerei" ertönt. Die Musik ertönt häufig nicht in Kon-
zertqualität, sondern wird auf alltagsnahen Klangquellen wie einem
Reisegrammofon oder einem ausgeleiertem Klavier gespielt.

1. Teil, Szene I:
→ **„In der Luft** ist ein Klingen und Singen – als verklänge irgend-
  wo immer wieder der Walzer ‚Geschichten aus dem Wiener
  Wald' von Johann Strauß".
→ **Valerie summt** den Trauermarsch von Frédéric Chopin.

1. Teil, Szene II:
→ Eine **Realschülerin** spielt im zweiten Stock auf einem **ausgelei-
  erten Klavier** die „Geschichten aus dem Wiener Wald" von Jo-
  hann Strauß.
→ Später spielt sie den Walzer „Über den Wellen" von Juventino
  Rosas und den Walzer „In lauschiger Nacht" von C. M. Ziehrer.
→ Beim Öffnen der Ladentür der Puppenklinik ertönt ein **Glocken-
  spiel**.

1. Teil, Szene III:
→ Auf einem **Reisegrammofon** wird das Lied „Wie eiskalt ist dies
  Händchen" abgespielt, später der Hochzeitsmarsch und der
  Walzer „An der schönen blauen Donau".
→ **Oskar singt** zur **Laute** das Lied „Sei gepriesen du lauschige
  Nacht".

1 SCHNELLÜBERSICHT     2 ÖDÖN VON HORVÁTH:
LEBEN UND WERK     3 TEXTANALYSE UND
-INTERPRETATION

3.7   Interpretationsansätze

1. Teil, Szene IV:
→ Auf dem Reisegrammofon ertönt der „Frühlingsstimmen-Walzer" von Johann Strauß.

2. Teil, Szene I:
→ Die Realschülerin spielt im zweiten Stock auf dem Klavier immer noch die „Geschichten aus dem Wiener Wald" von Johann Strauß.

2. Teil, Szene IV:
→ Helene spielt am **Spinett**, dazu **singt Marianne** das „Lied von der Wachau".

2. Teil, Szene VI:
→ Die Realschülerin spielt im zweiten Stock auf dem Klavier den „Frühlingsstimmen-Walzer" und den Walzer „Über den Wellen".
→ Am Ende läuten die **Glocken** des Stephansdoms.

3. Teil, Szene I:
→ **Schrammelmusik** im Heurigenlokal: „Draußen in der Wachau", „Es wird ein Wein sein", „Radetzkymarsch", „Ich hab sie ja nur auf die Schulter geküsst", „Mein Muatterl war a Wienerin", „Wien, Wien, nur du allein", „Mir ist mei Alte gestorben", „Vindobona, du herrliche Stadt", „Die Mizzi und der Jean", „Jetzt trink ma noch a Flascherl Wein".
→ Im Maxim: „Wiener Blut", „Hoch- und Deutschmeister-marsch", „An der schönen blauen Donau", „Fridericus rex", „Deutschland, Deutschland über alles", „Träumerei" von Robert Schumann.
→ ein Gong
→ Tanzmusik in der Bar

3.7   Interpretationsansätze

3. Teil, Szene II:
→ Die **Großmutter** spielt auf der **Zither** den „Doppeladlermarsch"
   und ein Menuett.

3. Teil, Szene III:
→ Die Realschülerin spielt im zweiten Stock auf dem Klavier einen
   Walzer von Johann Strauß.
→ Beim Öffnen der Ladentür der Puppenklinik ertönt ein **Glocken-
   spiel**.

3. Teil, Szene IV:
→ Die Großmutter spielt auf der Zither die „Geschichten aus dem
   Wiener Wald" von Johann Strauß.
→ Am Schluss ist „in der Luft wieder ein Klingen und Singen, als
   spielte ein himmlisches Streichorchester die ‚Geschichten aus
   dem Wiener Wald' von Johann Strauß.

Annette Kappeler hat die rhythmische Gestaltung der *Geschichten
aus dem Wiener Wald* wie folgt charakterisiert:

„Das erste Bild der Fassung in sieben Bildern in der Stillen Straße
ist von einem Wechsel aus im Takt abbrechenden Walzerteilen
und von Stille-Momenten durchbrochenen Dialogpassagen geprägt. Dabei werden Komplexe aus kleinen Szenen jeweils von
einem Musikstück zusammengefasst. Während das erste Bild
einen Rhythmus aus relativ kurzen Musik- und längeren Dialogpassagen etabliert, werden im vierten Bild derselben Fassung
(wiederum in der Stillen Straße) zwar Musikstücke, Gesprächs-
konstellationen und Themen des ersten Bildes wieder aufge-
nommen, die musikalischen Passagen erscheinen dabei allerdings verlängert und die Dialogszenen kondensiert; es findet

Wechsel von
Walzer und Stille-
Momenten

3.7   Interpretationsansätze

eine Verkürzung der Motivik bei gleichzeitiger Vergrößerung des musikalischen Rahmens statt. Eine solche Faktur könnte an Techniken wie diejenige der Fugenkomposition angelehnt sein, bei der nach Einführung von Themen diese rhythmisch proportional verkleinert oder vergrößert und mit anderen überlagert werden.

Die Horváth'sche Schreibweise des Alternierens zwischen Musik, Sprechpassagen und Stille entfaltet eine an musikalische Kompositionstechniken angelehnte Rhythmik, die mit Tempoänderungen, Kombination und Überlagerung von Motiven arbeitet."[34]

Adolf Doppler hat die Rolle der Musik in dem Stück folgendermaßen erläutert: „Musik ist wie der Alkohol ein Mittel der Vernebelung und ist wie dieser ein schwindelhaftes Versprechen auf Glück und unentwegte Fröhlichkeit. Sie ist das Zeichen einer universellen Verdrängung und sie gilt als ein Verkehrsmittel für die Reise ins Gefilde der Seligen."[35]

Musik als Mittel
der Verdrängung

### Formen der Kommunikation im Drama

In seinem Standardwerk *Theorie des modernen Dramas* stellt Peter Szondi die These auf, dass die Ganzheit des Dramas durch geleistete zwischenmenschliche Dialektik, die im Dialog Sprache wird, entsteht. Somit ist der Dialog der zentrale Träger des Dramas: „Von der Möglichkeit des Dialogs hängt die Möglichkeit des Dramas ab."[36]

Der Dialog als
zentraler Träger
des Dramas

---

34   Kappeler, S. 85.
35   Doppler, S. 14.
36   Szondi, S. 19.

3.7  Interpretationsansätze

## Dialog

In *Geschichten aus dem Wiener Wald* kann man hauptsächlich zwei Arten von Dialogen beobachten: zum einen die sog. **Komplizengespräche**, die ein Fortschreiten der Handlung bewirken (z. B. Alfred und Hierlinger), und zum anderen **das Aneinandervorbeireden**, bei dem die Personen kaum aufeinander eingehen (z. B. die Liebesszene zwischen Alfred und Marianne). Auch bei dem Dialog zwischen Alfred und seiner Mutter (HL S. 3 f./R S. 7 ff.) entsteht der Eindruck, dass keiner dem anderen wirklich zuhört, jeder hält nur Monologe.

Zwei Arten von Dialogen

Besonders typisch ist in diesem Zusammenhang die Aussage des Rittmeisters im Heurigenlokal: „Wir verstehen uns alle nicht mehr, liebe Frau Valerie! Oft verstehen wir uns schon selber nicht mehr" (HL S. 53/R S. 72). Es scheint hierbei nur konsequent, „dass er den völligen Kollaps gelingender Kommunikation in floskelhafter Sprache ausspricht"[37].

Auffallend ist bei der Kommunikation auch die Tatsache, dass sich die Dialogpartner vordergründig einer Sprache der bürgerlichen Höflichkeit bedienen, dass aber diese ritualisierte Anständigkeit oft sehr schnell zerbricht. Die folgende Tabelle soll zeigen, wie es im ganzen Stück immer wieder zu gegenseitigen Beschimpfungen auf dem groben Niveau der Umgangssprache kommt:

---

37  Streitler-Kastberger / Vejvar, S. 118.

3.7   Interpretationsansätze

| SPRECHER | ZITAT | ANGESPROCHENE(R) |
|---|---|---|
| Alfred | „kleinliche Person" (HL S. 6/R S. 11), „Alkoholistin" (HL S. 22/R S. 32), „hysterische Kuh" (HL S. 23/R S. 32) | Valerie |
| Valerie | „Luder. Mistvieh. Zuhälter. Bestie" (HL S. 15 u. S. 23/R S. 23 u. S. 32), „Vegetarianer" (HL S. 22/R S. 32), „grandioser Schuft" (HL S. 46/R S. 63), „eitler Aff" (HL S. 70/R S. 94), „Lump" (HL S. 71/R S. 96), „gemeines Tier" (HL S. 72/R S. 97) | Alfred |
| Alfred | „alte Hex" (HL S. 41/R S. 57) | Großmutter |
| Großmutter | „Haderlump, Verbrecher" , „dummer Bub" (HL S. 41 f./R S. 57 f.), „Luder, dreckiges", „Scheißkerl" (HL S. 64/R S. 86) | Alfred |
| Großmutter | „Mistvieh" (HL S. 74/R S. 99) | Mutter |
| Mutter | „Ungeheuer" (HL S. 74/R S. 99) | Großmutter |
| Großmutter | „Luder", „Bestie", „Zuchthäuslerin" (HL S. 75/R S. 101) | Marianne |
| Marianne | „Idiot" (HL S. 13/R S. 20) | Oskar |
| Havlitschek | „dummes Luder" (HL S. 8 u. S. 31/R S. 14 u. S. 43) | Ida, Emma |
| Zauberkönig | „bissiges Mistvieh" (HL S. 14/R S. 21) | verstorbene Gattin |
| 1. Tante | „Rohling" (HL S. 22/R S. 31) | Oskar |
| Valerie | „Hallodri", „Voyeur" (HL S. 23/R S. 32); „dämonischer Mensch" (HL S. 54/R S. 73), „alter Trottel" (HL S. 69/R S. 93) | Zauberkönig |
| Zauberkönig | „Halunk" (HL S. 28/R S. 39) | Alfred |
| Zauberkönig | „Badhur" (HL S. 28/R S. 39), „miserables Geschöpf" (HL S. 61/R S. 82) | Marianne |
| Alfred | „alter Trottel" (HL S. 33/R S. 46) | Zauberkönig |

3.7   Interpretationsansätze

| SPRECHER | ZITAT | ANGESPROCHENE(R) |
| --- | --- | --- |
| Rittmeister | „Grünschnabel" (HL S. 44/R S. 61) | Erich |
| Beichtvater | „verkommenes Subjekt" (HL S. 48/R S. 65) | Alfred |
| Zauberkönig | „japanischer Affenpinscher" (HL S. 56/R S. 76) | Mister |
| Mister | „Dirne, Diebin, Verbrecherin", „Hur" (HL S. 62 f./R S. 84) | Marianne |
| Erich | „fünfzigjähriges Stück Scheiße" (HL S. 67/R S. 90) | Valerie |
| Valerie | „dummes Weiberl" (HL S. 69/R S. 93) | Marianne |

## Stille

Als konsequente Fortsetzung dieser krisenhaften Dialoge arbeitet Horváth auch immer wieder mit einer Dramaturgie der Stille; damit markiert er einen „Zustand, in dem die Sprache versagt"[38].

Horváth selber hat diese Pausen als Situationen bezeichnet, in denen das Bewusstsein mit dem Unterbewusstsein kämpft (vgl. dazu Kapitel 5. Materialien S. 121). Der Dialog gerät immer wieder ins Stocken; dies ist ein Zeichen der viel beschworenen Krise des modernen Dramas. Man kann die Momente der Stille auch mit dem Bild eines Dynamos erklären: das Gespräch wird neu aufgeladen, auch wenn es möglicherweise nichts mehr zu sagen gibt.

Kampf des Bewusstseins mit dem Unterbewusstsein

Die Stille ist ein bei Horváth **bewusst eingesetztes dramaturgisches Mittel**, um den Zuschauer auf Widersprüche, auf offenen Fragen, auf Hinter- und Abgründe aufmerksam zu machen. Oft ist die Stille auch durch einen vorherigen Gedankenstrich, der eine Unterbrechung im Satzbau markiert, eingeleitet.

———

38   Balme, S. 44.

3.7   Interpretationsansätze

Im Folgenden werden einige Beispiele für Stille aus dem Theaterstück zitiert (die Regieanweisungen sind kursiv gedruckt):

→ „ALFRED. Ich hab mich selbstständig gemacht. Finanzierungsgeschäfte und so – *(Er verschluckt sich und hustet stark.)*"
(HL S. 4/R S. 8)

→ „DER HIERLINGER FERDINAND. Wie gesagt – *(Er stockt, da er merkt, dass er sich irgendwie verplappert hat.) Peinliche Stille.*"
(HL S. 5/R S. 10)

→ „OSKAR. Böse? *Stille.* Na?" (HL S. 13/R S. 20)

→ „ALFRED *(erblickt Valerie). Stille.*" (HL S. 15/R S. 22)

→ „VALERIE. Die Erd ist nämlich noch hart – heuer war der Winter lang. *Stille.* Gehts dir auch so? Wenn die Sonn so auf meine Haut scheint, wirds mir immer so weißnichtwie –
ZAUBERKÖNIG. Wie? *Stille.*
VALERIE. Du hast doch zuvor mit meinem Korsett gespielt? *Stille.*" (HL S. 24/R S. 34)

→ „MARIANNE. Jetzt gehts mir gut […]. Warum sagst du kein Wort? *Stille.*" (HL S. 27/R S. 37)

→ „MARIANNE *(schreit unterdrückt auf). Stille.*" (HL S. 28/R S. 39)

→ „MARIANNE. Du sollst mich nicht immer beschimpfen. *Stille.*"
(HL S. 34/R S. 47)

→ „DER HIERLINGER FERDINAND. Wie heißt sie denn eigentlich?
ALFRED. Marianne. *Stille.* Gefällts dir?" (HL S. 36/R S. 50)

→ „ALFRED. Du alte Hex. *Stille.*

→ DIE GROSSMUTTER. Was hast du gesagt?" (HL S. 41/R S. 57)

→ „DIE GROSSMUTTER. Wenn du dich jetzt von deinem Marianderl trennst, dann tät ich dir was leihen – *Stille.*" (HL S. 42/ R S. 58)

→ „ALFRED. Und dann fehlt mir auch das Kapital – *Stille.*" (HL S. 47/R S. 64)

3.7 Interpretationsansätze

→ „MARIANNE. Was hast du mit mir vor, lieber Gott? – *Stille.*"
(HL S. 49/R S. 67)
→ „*Brüllendes Gelächter – nun klingelt das Tischtelephon. Stille.*"
(HL S. 56/R S. 76)
→ „[…] *nun wird es Licht im Zuschauerraum und wieder für einen
Augenblick totenstill.*" (HL S. 59/R S. 79)
→ „MARIANNE. Nein, das kann ich mir nicht leisten, dass ich mich
schäm. *Stille. Die Musik in der Bar ist nun verstummt.*"
(HL S. 61/R S. 82)
→ „DIE GROSSMUTTER. Was schreist denn so?! Bist narrisch?!
*(Sie fixieren sich). Stille.*" (HL S. 65/R S. 87)
→ „ZAUBERKÖNIG. Reg mich doch nicht auf! Au, mein Herz –
*Stille.* […] Es sticht – es sticht – *Stille.*" (HL S. 69/R S. 92 f.)
→ „VALERIE. Was würdest du denn tun, wenn ich dir jetzt fünfzig
Schilling leihen würd? *Stille.*" (HL S. 71/R S. 96)
→ „VALERIE. Jetzt wird versöhnt und basta! *Stille.*" (HL S. 72/
R S. 96)
→ „MARIANNE *(röchelt und lässt die Zither fallen). Stille.*"
(HL S. 75/R S. 101)

Als **Gründe für die Stille** können bei der Analyse dieser Textstellen
mehrere Funktionen angegeben werden:
→ Dem Gesprächspartner ist eine Frage unangenehm.
→ Die Widersprüchlichkeit einer Person soll verdeutlicht
werden.
→ Das Stocken oder gar Scheitern einer Kommunikation wird
damit illustriert; dazu signalisiert die Stille, dass eine Person
unfähig ist, auf den Gesprächspartner ehrlich einzugehen.
→ Die Verklemmtheit einer Person wird gezeigt.
→ Große Verzweiflung kann zu Sprachlosigkeit führen (vgl.: da
verschlägt es mir die Sprache).

3.7   Interpretationsansätze

→ Schweigen kann auch eine niedere Gesinnung entlarven.
→ Beim Höhepunkt der Erniedrigung Mariannes, bei ihrem Nacht-
   auftritt im Maxim, tritt sogar „Totenstille" ein.

## 4.  REZEPTIONSGESCHICHTE

ZUSAMMEN-
FASSUNG

Die Aufführung der *Geschichten aus dem Wiener Wald* erhielt ein weitreichendes und überwiegend sehr positives Medienecho. Rechtsnationale Blätter verrissen das Stück. Den Aufführungen in Berlin 1931 folgten keine weiteren mehr aufgrund der politischen Lage. Nach 1945 löste das Stück heftige Proteste aus, und erst ab 1966 kam es zu einer Renaissance von Horváths Stücken, der zwischenzeitlich in Vergessenheit geraten war.

Die Uraufführung der *Geschichten aus dem Wiener Wald* fand am 2. November 1931 am Deutschen Theater in Berlin statt. Im März 1931 war auch in Berlin, im Theater am Schiffbauerdamm, Horváths *Italienische Nacht* uraufgeführt worden. Der Regisseur Heinz Hilpert konnte für die *Geschichten aus dem Wiener Wald* eine absolute Starbesetzung aufbieten: Auf dem Besetzungszettel fanden sich bekannte Namen wie Peter Lorre (Alfred), Paul Hörbiger (Rittmeister), Carola Neher (Marianne) und Hans Moser (Zauberkönig).

Uraufführung am
2. November 1931
in Berlin

Die Premiere erhielt ein weitreichendes und überwiegend sehr positives Medienecho. Für die Berliner Theaterszene der damaligen Zeit war besonders das Urteil des Kritiker **Alfred Kerr** (1867–1948) von Bedeutung. Im „Berliner Tagblatt" lieferte er eine stilistisch pointierte und wohlwollende Analyse des Stückes und der Aufführung:

„Eine stärkste Kraft unter den Jungen, Horváth, umspannt hier größere Teile des Lebens als zuvor […]. Er lüpft als Ironiker eine Legende: Kitschlügen um Österreich. Horváth ist ein ehrlicher

Kopf mit einem Blick von heut. Einer, der zu uns gehört. Ihn ergötzt jener Unterschied zwischen dem freundlich übertünchten Außen und dem verdammt hintergründigen Inneren. Und da er kein Spielverderber ist: so malt er auch die lockend-liaben Seiten und die höchst gewinnende Dummheit dieser angenehm Zurückgebliebenen, mit ihren [...] Alltagssorgen. Und [...] die Grausamkeit alles menschlichen Geschicks, die noch auf so triebhaftiges Behagen einer wabbligen Sippe niederfährt.

In der Mitte steht ein Mädel. Triebhaft wie alle. Von der Umwelt beeinflusst im Widerstandsschwund. So fliegt sie, statt einen liebenden Schlächtermeister von Verlass zu nehmen, dem ersten Nischtegutts an den Hals [...], einem Schlankl; einem gesinnungsmorschen Hallodri (den Peter Lorre, kalt und fett, mit kugligen Augendeckeln eines Kommerzialsohns, nicht eines Früchtels aus der Wachau, dennoch überzeugend müd verleiblicht).

"eine ganze Völkerschaft gemalt"

[...] ein Mädel; halb schuldlos, halb arglos in der Welt. Wenn sie dem Ihrigen seinen Ring vor die Füss' geworfen hat, und hernach mit dem Rennplatzlump lebt, einem ausgehaltenen Schmarotzerich ohne Widerstand; er selbst ohne Widerstand gegen sie [...], und wenn sie ein Kind von ihm kriegt; und wenn sie hernach an ein Nachtlokal mit Nacktstudio vom Freunderl des vordem Ausgehaltenen verschoben wird, via einer Wiener Baronin [...], und wenn der Vater, Herr eines Ladens mit Scherzartikeln, der Zauberkönig, sein Kind in dem Nacktbums auf den Brettern unvermutet sieht, und alle besoffen sind, jedoch ernüchtert werden [...], wenn das Kind stirbt, von der alten Großmutter so in die Zugluft gesetzt [...], wenn dann in der allgemeinen Molluskigkeit ihr Lump zu seiner ältlichen Tabakfabrikantin zurückwechselt, und ihr liebender Schlächtermeister zu ihr hin – und sie noch nimmt: so ist [...] neben solchem Einzelschicksal, wirklich eine ganze Völkerschaft gemalt. Von diesem hochbegabten Men-

schen, der zwar vielerlei mixt; der Anzengruber heutig fortsetzt
und Strindberg österreichisch nachholt [...].
Kurz: eine junge Kraft mit starken Aussichten schrieb [...] ein
Könner. Unter den Jungen ein Wert; ein Geblüt; ein Bestand. [...]
Auf alle Fälle gibt Horváth Anlass zu der stärksten Aufführung,
die man seit langem gesehn."[39]

Für die „Neue Leipziger Zeitung" war der bekannte Schriftsteller
**Erich Kästner** (1899–1974) anwesend, der ebenfalls überwiegend
positiv schrieb:

„Das Deutsche Theater hat mit Ödön von Horváths *Geschichten aus dem Wiener Wald* einen großen Erfolg zu buchen. Es
ist einmal der Erfolg einer hinreißenden Aufführung, unter Hil-
perts Regie, mit Frida Richard, Hans Moser und Paul Hörbiger
als wundervollen Darstellern. Es ist zum andern ein Erfolg Horváths, des diesjährigen Kleistpreisträgers. Der Erfolg Horváths
ist von der Kritik gelegentlich unterschätzt worden. Man hat die
Darsteller gepriesen und ein wenig übersehen, dass Horváth es
war, der den Schauspielern die Rollen schrieb, und dass sie nur
dank dieser Rollen besser als je waren.
Horváth schrieb hier ein Wiener Volksstück gegen das Wiener
Volksstück. Er übernahm die aus Filmern, Operetten und Dramen bekannten pensionierten Rittmeister, die süßen Mädel, die
nichtsnutzigen Hallodri, die familiensüchtigen Kleinbürger; er
übernahm den Plüsch, aber er klopfte ihn aus, dass die Motten
aufflogen und die zerfressenen Stellen sichtbar wurden. Er zeigte
die Vorder- und die Kehrseite der überkommenen Wiener Welt.
Er ließ diese Leute ihre Lieder singen, ihren plauschenden Dia-

„Vorder- und
Kehrseite der
überkommenen
Wiener Welt"

---

39  Zit. n.: Schmidjell, S. 92–95.

lekt sprechen, ihre Heurigenlokale trunken durchwandern und zeigte, darüber hinaus, die Faulheit, die Bosheit, die verlogene Frömmigkeit, die Giftigkeit und Borniertheit, die hinter und in jenen marktgängigen Eigenschaften stecken. Er zerstörte nicht nur das überkommene Wiener Figurenpanoptikum, er gestaltete ein neues, echteres außerdem. Er verspottete nicht nur die herkömmliche, landläufige Anschauung; er führte das Theaterpublikum hinter die Fassade. Was bisher als Wesen des Wienertums galt, wurde von Horváth als Getue entlarvt, und hinter den Larven zeigte er die wahren Gesichter [...].

Mit Hilfe dieser Unterlassung gelang es, das Publikum zu fesseln, vom Nachdenken abzubringen und einen Theatererfolg zu schaffen, der außerordentlich zu begrüßen ist."[40]

Als gebürtiger Wiener konnte auch der Schriftsteller **Alfred Polgar** (1873–1955), der einen Artikel in der „Weltbühne" verfasste, dem Stück viel Authentizität bescheinigen:

„Wienerisch an den *Geschichten aus dem Wiener Wald* ist außer dem Dialekt, den die Figuren sprechen, die viele Zeit, welche sie haben, und dass sie bei ihrem Tun und Lassen mehr lassen als tun. Deshalb kann häufiger Schauplatz der Vorgänge die Straße sein, wo die dort angesiedelten Geschäftsleute, zum Zweck des Dialogs, öfter draußen vor als drinnen hinter ihrem Laden stehen [...]. Zweifellos wienerisch an den Menschen des Spiels ist ihr, so böse wie gut gesehenes, Gegeneinander-Miteinander, ihre Eintracht auf Basis boshafter Geringschätzung, ihre enge, liebevolle Verbundenheit durch den Kitt wechselseitiger Missachtung. Was sich sonst im Stück begibt, könnte auch anderswo

„Verbundenheit durch den Kitt wechselseitiger Missachtung"

---

40   Zit. n.: Schmidjell, S. 90 f.

als im österreichischen Seelen-Klima vorkommen, Geschlechts-
und Geldgier sprechen in jeder Mundart ziemlich denselben
Text, dass der Mensch aus Gemeinem gemacht ist, ist keine Besonderheit der wienerischen Küche, und im skurrilen Affentanz
dreht sich das Leben nicht nur nach der Musik von Johann Strauß.
Das ganze bizarre Spiel ist von einer eiskalten Witzigkeit, in der
auch das bisschen warmer Atem, das gelegentlich eine oder die
andere Figur von sich gibt, sofort als frostiger Dampf nieder-
schlägt. Die dramatische Begabung Ödön Horváths erweisen seine *Geschichten aus dem Wiener Wald* zwingend. Er sieht scharf
und gestaltet mit knappster Ökonomie der Mittel. Seine Figuren
lösen sich deutlich ab von ihrem menschlichen, sozialen Hintergrund, ohne dass dieser jemals aus dem Spiel verschwände.
Jeder ist Spiegel für die Art des andern, Wechsel der Belichtung
erzeugt drollige und spukhafte Schattenspiele."[41]

Harsche Verrisse kamen dagegen von den Kritikern, die für rechtsnationale oder der NSDAP nahestehende Blätter schrieben. Beispiele sind die Aussagen von Rainer Schlösser („Unflat ersten Ran-
ges", „Schmutz- und Schundgehalt des Machwerks"[42]) im „Völkischen Beobachter", eines anonymen Verfassers im NS-Blatt „Der
Angriff" („wüst verzerrtes Pamphlet aus Wien [...] in der Horváth'schen Jauche"[43]) und des Literaturkritikers **Paul Fechter** in
der „Deutschen Allgemeinen Zeitung", der gleichzeitig noch die
Verleihung des Kleistpreises an Ödön von Horváth ablehnt:

———

41   Zit. n.: Schmidjell, S. 95 f.
42   Ebd., S. 97.
43   Ebd.

„Freude am Grausamen"

„Der Verfasser dieses Volksstücks, den Carl Zuckmayer soeben mit dem halben Kleistpreis belehnt hat, ist von Hause aus Ungar [...], diese Komödie ist ungefähr das dümmste, was je mit dem Anspruch, Literatur zu sein, über die Szene gegangen ist. Dünn, blutlos, Volksstück ohne jede Beziehung zu dem, was Volk ist, dafür roh, taktlos, von jener aufreizenden literarischen Wirklichkeit, die mitleidlos das dichterische Unvermögen enthüllt – als einzig echten Zug eine vermickerte Freude am Grausamen: wenn das Qualitäten sind, für die heute Literaturpreise verliehen werden, dann sollte man wenigstens die Namen der Schutzpatrone möglichst schnell von den mit ihnen einst leichtfertig geschmückten Preisen wieder herunternehmen. Kleist braucht es sich nicht gefallen zu lassen, dass sein glorreicher Namen mit solchen kümmerlichen Belanglosigkeiten in eine wenn auch nur äußerliche Beziehung gebracht wird."[44]

Keine weiteren Aufführungen aus politischen Gründen

Das Stück stand im November und Dezember 1931 insgesamt 37 Mal auf dem Programm des Deutschen Theaters. Wegen der zugespitzten politischen Situation in Deutschland und in Österreich fanden weitere Aufführungen, die für Hamburg und Wien geplant waren, nicht mehr statt.

Aufführung nach 1945

Nach 1945 geriet der 1938 verstorbene Schriftsteller Horváth fast etwas in Vergessenheit. Erst am 1. Dezember 1948 fand die österreichische Erstaufführung im Wiener Volkstheater statt. Dabei wurde der Titel leicht abgewandelt: *G'schichten aus dem Wienerwald*. Das Stück löste jedoch im Publikum heftige Proteste aus. So schrieb die „Weltpresse" am 3. Dezember 1948 von einem Theaterskandal:

---

44  Zit. n.: Schmidjell, S. 98 f.

„Zu einem kleinen Theaterskandal [...] kam es gestern im Volkstheater während der zweiten Aufführung von Ödön von Horváths
*G'schichten aus dem Wienerwald*. Zu Ende des vorletzten Bildes
rief eine Stimme *Pfui!*, worauf sich mehrere Zuhörer zu kräftigen
Pfiffen veranlasst fühlten. Im letzten Bild löste dann eine Szene
mit Dorothea Neff, die ihre Rolle als uralte Frau und die Inkar-
nation des Bösen sehr drastisch spielte, einen wahren Tumult
aus. Pfuirufe, schrille Pfiffe und Rufe wie *Das sind keine Menschen, sondern Bestien, Das Stück gehört abgesetzt* und *Schmeißt
die Schauspieler von der Bühne herunter!* wurden von Gegen-
kundgebungen abgelöst, so dass die Schauspieler für kurze Zeit
unterbrechen mussten [...], zahlreiche Zuschauer (verließen) de-
monstrativ den Saal [...] und (führten) im Foyer ihre erhitzten
Debatten weiter."[45]

„Theaterskandal"

Es dauerte zwanzig Jahre, bis die *Geschichten aus dem Wiener Wald*
wieder in Wien zu sehen waren.

Ab 1966 setzte dann allerdings eine Horváth-Renaissance auf
deutschsprachigen Bühnen ein. Die Inszenierung von Otto Schenk
in den Münchner Kammerspielen leitete „die bis heute andauernde
massive Rezeption Horváths auf deutschen Bühnen ein"[46].

Ab 1966 Horváth-
Renaissance

Eine bemerkenswerte Bühnenfassung präsentierte der Regisseur Dimiter Gotscheff 2005 am Deutschen Theater in Berlin. Er
bezieht sich immer wieder auf Horváths Prosatext *Marianne oder:
Das Verwesen*, der im März 1930 entstanden ist. Er zeigt, dass dem
Menschlichen ein Tierisches innewohnt. Er stellt die destruktive
Energie aller Figuren (außer der Marianne, die von Fritzi Haber-
landt gespielt wurde) auf einer leeren Bühne aus und thematisiert

Neue Bühnenfas-
sung 2005

---

45  Zit. n.: Schmidjell, S. 101.
46  Schmidjell, S. 98.

das Stück als Verschwörung der anderen gegen sie oder als Versuche der Vereinnahmung von ihr. Große Bedeutung hat auch die „aus der Körperarbeit der Schauspieler entstehende Stille"[47].

## Zeitgenössische Inszenierungen

Tabellarisch sollen einige Inszenierungen aus den letzten zehn Jahren vorgestellt werden:

| JAHR | THEATER | REGIE |
|---|---|---|
| 2019 | Salzburger Landestheater | Carl Philip von Maldeghem |

„Allegorie der Bigotterie"

„Vielleicht will Maldeghem mit einer Figur des Dramas, der Großmutter, sogar ganz leise Kritik an der nach wie vor dominant-katholischen Prägung gerade bürgerlicher Schichten am Ort Salzburg äußern. Die querständig mit einer ganz jungen Schauspielerin (Janina Raspe) besetzte Figur thront wie eine Madonna in einer Nische. An dieser Allegorie der Bigotterie müss(t)en sich alle anderen messen lassen."[48] (Reinhard Kriechbaum)

| JAHR | THEATER | REGIE |
|---|---|---|
| 2015 | Schauspiel Köln | Stefan Bachmann |

„Neusachliches Gretchen"

„Zu den Kuriositäten gehört aber vor allem die Marianne der Lou Zöllkau. Noch eine und die ärgste Gegenbesetzung: frühjungfernhafte Brillenschlange mit Söckchen in den Sandalen, naiv-naseweis' und backfischhaft unbedarft. Doch dann steht sie splitterfasernackt auf der kahlen Rotations-Platte [...], wie ein neusachliches Gretchen, das die Beichte ablegt, danach in grünlichem Licht verwischt [...] bei ihrer demütigenden Strip-Nummer in der Nacht-Bar, Opfer all der männlichen und weiblichen Gewalttäter. Und es wird einem ganz anders." [49] (Andreas Willink)

---

47   Meister, S. 72.
48   https://www.nachtkritik.de/index.php?option=com_cõntent&view=article&id=16377:geschichten-aus-dem-wiener-wald-carl-philip-von-maldeghem-inszeniert-in-salzburg-oedoen-von-Horváths-volksstueck&catid=301&Itemid=100190 (Stand Juli 2019).
49   https://www.nachtkritik.de/index.php?option=com_content&view=article&id=11701:geschichten-aus-dem-wiener-wald-stefan-bachmann-inszeniert-Horváth-zum-saisonauftakt-am-schauspiel-koeln&catid=84&Itemid=100190 (Stand Juli 2019).

| JAHR | THEATER | REGIE |
|------|---------|-------|
| 2013 | Deutsches Theater Berlin | Michael Thalheimer |

„Das begnadete DT-Ensemble, das zuletzt so oft Versprechen war, ist hier ganz Erfüllung, bis in die kleinste Nebenrolle hinein. Wie Clowns kommen sie daher, wie Menschen gehen sie ab. Noch die Pappmasken, die Thalheimer ihnen für ihr Schlussbild zugedacht hat, atmen eine dilettantische Ehrlichkeit. Überall wird schief und ungeschützt gesungen. Katrin Wichmann betet ihr Vaterunser haarscharf am gängigen Wortlaut vorbei. Der Mangel kündet vom Leben. Und dazu erklingen unentwegt die fiebernden Eingangsakkorde des Strauß'schen Wiener Walzers [...]. Das ist die Sphärenmusik der Einfaltspinsel." [50] (Christian Rakow)

„Der Mangel kündet vom Leben"

| JAHR | THEATER | REGIE |
|------|---------|-------|
| 2013 | Münchner Volkstheater | Christian Stückl |

„Stückl führt die schäbigen, selbstherrlichen Figuren wie ein Panoptikum vor, und erlaubt ihnen nur in kurzen Momenten ansatzweise menschliche Seiten. Meist agieren sie als grausames Kollektiv der aufgesetzten Lebensfreude. Gute Laune wird durch Gesang und bunte Kleidung demonstriert, eine Farbe für jeden, zusammen fast ein Regenbogen: Grün der Rittmeister, Blau der Zauber-könig, Valerie in Pink, Oskar und Marianne in Orange. Nur steht am Ende des Regenbogens für das ‚gefallene Mädchen' kein Schatz bereit, zu hoch ist der Preis für die Rückkehr. ‚Ich kann nicht mehr ... Jetzt kann ich nicht mehr', ist Mariannes letzter stockender Satz. Blass und zerbrechlich versucht sie dennoch wegzugehen, vorbei am fetten Oskar. Doch der streckt einen Arm aus, hält sie auf und die Falle schnappt zu." [51] (Cornelia Fiedler)

„Grausames Kollektiv der aufgesetzten Lebensfreude"

---

50  https://www.nachtkritik.de/index.php?option=com_content&view=article&id=7903:geschichten-aus-dem-wiener-wald-nmichael-thalheimer&catid=35&Itemid=100476 (Stand Juli 2019).
51  https://www.nachtkritik.de/index.php?option=com_content&view=article&id=7897:geschichten-aus-dem-wiener-wald-christian-stueckl-inszeniert-in-muenchen-Horváths-kleinbuerger-als-grelle-karikaturen&catid=115&Itemid=100190 (Stand Juli 2019).

| JAHR | THEATER | REGIE |
| --- | --- | --- |
| 2012 | Berliner Ensemble | Enrico Lübbe |

„So sind sie, die Menschen!"

„Ja, so sind sie, die Menschen! buchstabiert uns diese Inszenierung den ganzen Abend lang überdeutlich vor. Das ewige Begehren, diese ewige Gier! Sabin Tambreas Alfred, ein labiler Strizzi, ohne Kontur. Roman Kaminski, der den Zauberkönig als grobschlächtiges, rotgesichtiges Mannsmassiv anlegt, nach jedem Busen, der sich ihm bietet, greift, Tochter Marianne (als großäugige Naive: Johanna Griebel) jedoch samt Kind verstößt." [52] (Esther Slevogt)

| JAHR | THEATER | REGIE |
| --- | --- | --- |
| 2008 | Volkstheater Wien | Georg Schmiedleitner |

Es fehlt „ein entschiedener Zugriff auf das Stück"

„Zwar gelingen dem starbesetzten Ensemble immer wieder stimmige Szenen. Maria Bill setzt dem Abend als schamlose Valerie schauspielerische Glanzlichter auf, Katharina Vötter treibt ihrer Marianne jede falsche Mädelhaftigkeit aus: In dem scheinbar naiv-romantischem Ding entdeckt sie erfolgreich eine der großen emanzipierten Frauengestalten der Dramenliteratur. Doch fehlt Schmiedleitner ein entschiedener Zugriff auf das Stück. Drei Stunden lang wird nicht deutlich, was ihn an Horváths *Geschichten aus dem Wiener Wald* eigentlich interessiert. Der Abend nimmt auf gediegenem Niveau seinen Lauf, Robert Palfrader liefert als Oskar brav berühmte Sentenzen ab (‚Man ist und bleibt allein') und Michael Schottenberg verkleinert seinen Zauberkönig folgenlos zur Kabarettfigur." [53] (Peter Schneeberger)

---

52  https://www.nachtkritik.de/index.php?option=com_content&view=article&id=7065:geschichten-aus-dem-wiener-wald-enrico-luebbe-inszeniert-Horváth-am-berliner-ensemble-&catid=50&Itemid=100476 (Stand Juli 2019).
53  https://www.nachtkritik.de/index.php?option=com_content&view=article&id=1113:geschichten-aus-dem-wiener-wald-georg-schmiedleitner-laesst-Horváth-spielen&catid=234&Itemid=100190 (Stand Juli 2019).

**Interview mit dem Regisseur Georg Schmiedleitner**

Am 23. Mai 2019 führte der Verfasser dieser Königs Erläuterung ein Interview mit dem bekannten österreichischen Regisseur Georg Schmiedleitner (geb. 1957):

*„Welche Stationen der Begegnung/Auseinandersetzung mit Ödön von Horváth (als Leser, als Besucher von Theateraufführungen, als verantwortlicher Regisseur) fallen Ihnen ein?*

Meine erste Begegnung als junger Regisseur fand am Anfang der 1990er Jahre in Linz statt. Damals arbeiteten wir an Horváths Frühwerk *Mord in der Mohrengasse* und brachten eine sehr experimentelle Inszenierung auf die Bühne. Seitdem habe ich bei Horváths bekannten Volksstücken etwa neun Mal Regie geführt, z. B. bei den Salzburger Festspielen, im Wiener Volkstheater oder im Nürnberger Staatstheater. Als Zuschauer war ich besonders beeindruckt von Christoph Marthalers Produktion *Kasimir und Karoline* 1997 in Hamburg und von Martins Kušejs Interpretation der *Geschichten aus dem Wiener Wald* 1998 ebenfalls in Hamburg.

*Was reizt Sie als Regisseur an seinen Volksstücken?*

In erster Linie die äußerst präzisen und hintersinnigen Dialoge. Auch die Schauspieler merken schon bei den ersten Proben, dass hier eine ganz besondere Art des Miteinander- und des Aneinandervorbeiredens stattfindet. Wenn ich die Sätze von Horváth höre wie etwa den von Oskar zu Marianne („Jetzt möcht ich in deinen Kopf hineinsehen können, ich möcht dir mal die Hirnschale herunter und nachkontrollieren, was du da drinnen denkst"), muss ich sagen, dass er ganz nahe bei Georg Büchner, bei Thomas Bernhard, ja sogar bei Samuel Beckett ist.

„Präzise und hintersinnige Dialoge"

*Wie aktuell ist für Sie das Stück ‚Geschichten aus dem Wiener Wald‘?*

"Ein zeitloses Werk"

Ich halte die *Geschichten aus dem Wiener Wald* für ein zeitloses Werk, das allerdings auch ohne erkennbaren Zeitbezug aufgeführt werden sollte. Man sieht Menschen, die vom Leben überfordert sind, die mit dem Tempo der ökonomischen und gesellschaftlichen Entwicklung nicht mehr mithalten können. Sie versuchen, diesen Konflikt irgendwie zu überspielen und ihr Scheitern durch vordergründiges Sprechen zu übertünchen.

*Wie gehen Sie als Regisseur mit Horváths Aussage in seiner ‚Gebrauchsanweisung‘ um, in der es heißt, es dürfe kein Wort Dialekt gesprochen werden?*

Ich halte Horváths *Gebrauchsanweisungen* insgesamt für sehr hilfreich und teile die Meinung, dass man die Sprache der Akteure von deutlicher Dialektfärbung freihalten sollte. Gerade bei österreichischen Schauspielern ist es aber sehr schwierig, dies verständlich zu machen, da sie glauben, in den berühmten Wiener Schmäh verfallen zu müssen.

*Wie sehr fühlen Sie sich dem musikalischen Hintergrund des Stücks verpflichtet?*

Bewusste Überzeichnung der musikalischen Vorgaben

Ich habe bei allen meinen Inszenierungen die musikalischen Vorgaben zum Teil berücksichtigt, habe aber auch durch bewusste Überzeichnung der Lieder, die etwa beim Heurigen gesungen werden, für eine Verfremdung der Wiener Walzerseligkeit gesorgt.

*Wie viel Tragödie würden Sie bei dem Stück zulassen?*

Es gibt unzweifelhaft ausgesprochen tragische Momente: etwa dann, wenn der Zauberkönig nach Mariannes Auftritt in der Bar Maxim erklärt: ‚Ich bin in einer Untergangsstimmung‘, um dann fortzufahren: ‚Jetzt möchte ich Ansichtskarten schreiben, damit die

112

Leut' vor Neid zerplatzen, wenn sie durch mich selbst erfahren, wie gut dass es mir geht'. Marianne kommt dann mit ihm ins Gespräch und erklärt, dass ihr Sohn seinen Namen Leopold trägt.

*Wie erklären Sie Horváths Leitmotiv von der menschlichen Dummheit („Nichts gibt so sehr das Gefühl der Unendlichkeit")?*
Es handelt sich nicht um das, was man herkömmlich als Dummheit bezeichnet, es ist vielmehr die angelernte Sprache, jene Kalendersprüche, mit denen die Menschen kommunizieren. Ich sehe da Parallelen zu der heutigen virtuellen Realität, wo die Leute via Twitter, Facebook und Instagram in einer drastisch verkürzten und damit auch deutlich weniger reflektierenden Sprache unterwegs sind.

*Wie erklären Sie die Horváth-Renaissance einerseits und die Brecht-Flaute andererseits auf den deutschsprachigen Bühnen nach 1965?*
Als Regisseur muss ich einfach feststellen, dass einem Horváth viel mehr Freiheiten lässt, dass der Raum für Interpretationen und Variationen viel größer ist. Wenn man Brecht inszeniert, ist man sehr stark von dem ideologischen Hintergrund und von dessen Dramenkonzeption gebunden. Das geht wahrscheinlich außer mir auch anderen Theaterschaffenden so.

*Wie gehen Sie mit einer Theaterkritik um, die beispielsweise schreibt: Es ‚fehlt Schmiedleitner ein entschiedener Zugriff auf das Stück. Drei Stunden lang wird nicht deutlich, was ihn an Horváths ‚Geschichten aus dem Wiener Wald' eigentlich interessiert'[54]?*
Das hat mich schon getroffen, ich habe es nicht mit Freude gelesen. Allerdings wurde ein paar Wochen später die Aufführung als ‚Kult' tituliert. So unterschieden sich die Ansichten.

---

54  Auszug aus der Kritik s. S. 110 dieser Erläuterung.

*Das Stück ‚Geschichten aus dem Wiener Wald' ist in einigen Bundes-*
*ländern verpflichtende Lektüre für das Abitur. Sollte man ein solches*
*Theaterstück im Unterricht nur lesen, ohne je eine Inszenierung ge-*
*sehen zu haben? Ist Horváths Volksstück auch für eine Schülerbühne*
*geeignet?*

**Horváth als**
**Pflichtlektüre**

Grundsätzlich finde ich es gut, dass in der Schule Theaterstücke
von Horváth gelesen werden. Man sollte im Unterricht allerdings
unbedingt auch Raum lassen für Versuche einer szenischen Lesung,
um den Schülern ein Gefühl für die Tiefe der Horváth'schen Dialoge
zu geben. Noch besser ist natürlich – wenn möglich – der Besuch
einer Aufführung, die Anlass zu Diskussion gibt. Ob die *Geschichten*
*aus dem Wiener Wald* für eine Schülerbühne geeignet sind, wage
ich zu bezweifeln. Denn es scheint mir für Amateure schwierig, die
Abgründigkeit einiger Charaktere adäquat umzusetzen."

### Verfilmung des Dramas

*Die Geschichten aus dem Wiener Wald* wurden auch verfilmt: Zwei
Fernsehfassungen (1961 im Österreichischen Fernsehen und 1964
im Bayerischen Fernsehen) und ein Kinofilm sind entstanden.
Letzterer wurde 1979 unter der Regie von Maximilian Schell
(1930–2014) in München produziert (Farbe, 92 Minuten); das Dreh-
buch schrieben Christopher Hampton und Maximilian Schell. In der
Rolle des Zauberkönigs ist hier der bekannte österreichische Ka-
barettist Helmut Qualtinger (1928–1986) zu sehen; die Rolle des
Ferdinand Hierlinger spielt der bekannte österreichische Künstler
André Heller (geb. 1947).

**Vergleich Kino-**
**film – Theatertext**

Ein Vergleich dieser Verfilmung mit dem Theatertext ergibt folgende Veränderungen:

→ Insgesamt sehr textgetreu, jedoch zahlreiche Kürzungen.
→ Szenenaufteilungen und Umstellungen: Die Szene 1. Teil,
    II. Bild (Stille Straße) wird aufgeteilt und vor bzw. nach der

Szene 1. Teil, I. Bild (Wachau) gesetzt. Die Szenen 2. Teil,
V. Bild (Wachau) und die Szene 2. Teil, VI. Bild (Stille Straße)
werden aufgeteilt und versetzt aneinandergereiht.

→ Zwei Szenen werden neu eingefügt: ganz am Anfang quasi
   als Intro ein Freilufttheater im Schlosspark Schönbrunn und
   später eine kurze Szene in der Wachau, bei der man erkennt,
   wie die Großmutter nachts den kleinen Leopold absichtlich in
   den Zug ans offene Fenster stellt. Die negative Zeichnung der
   Großmutter wird auch dadurch verstärkt, dass man sieht, wie
   sie genüsslich einen Käfer tötet.

→ Die Szene 2. Teil, I. Bild (Havlitschek und das Fräulein Emma)
   entfällt dagegen vollständig.

→ Der Film hält sich sehr genau an den historischen Hintergrund
   und an die Originalschauplätze (Wien und Wienerwald), die
   Schauspieler sprechen deutlich den Wiener Dialekt.

→ Horváths Regieanweisungen zum Thema „Stille" werden sehr
   genau befolgt.

→ Auch die Vorgaben zur Hintergrundmusik werden meist einge-
   halten.

→ Das Schlussbild hat hohen symbolischen Wert: Oskar trägt Marianne von der Szene, wie das ein Jäger mit einem toten Reh tun
   würde.

### „Nacherzählung" von Peter Handke

Der Schriftsteller Peter Handke (geb. 1942) schrieb eine Art Nacher-
zählung der *Geschichten aus dem Wiener Wald*, die 1972 unter dem
Titel *Totenstille beim Heurigen* erschienen ist.[55] Darin vergleicht er
Horváth mit dem berühmten Bertolt Brecht:

---

55   Handke, 1972b, S. 217–227.

„Ich ziehe Ödön von Horváth und seine unstilisierte Sentimentalität vor. Die verwirrten Sätze seiner Personen erschrecken mich, die Modelle der Bösartigkeit, der Hilflosigkeit, der Verwirrung in einer bestimmten Gesellschaft werden bei Horváth viel deutlicher. Und ich mag diese IRREN Sätze bei ihm, die die Sprünge und Widersprüche des Bewusstseins zeigen, wie man das sonst nur bei Tschechow und Shakespeare findet"[56]

---

56    Handke, 1972a, S. 63 f.

# 5. MATERIALIEN

## Zur Theatertheorie von Ödön von Horváth

In einem Interview mit Willi Cronauer spricht Ödön von Horváth
über sein Verständnis des Volksstücks:

„Ich gebrauchte diese Bezeichnung ‚Volksstück' nicht willkürlich,
d. h, nicht einfach deshalb, weil meine Stücke mehr oder minder
bayerisch oder österreichisch betonte Dialektstücke sind, sondern
weil mir so etwas Ähnliches wie die Fortsetzung des alten Volksstückes vorschwebte. – Des alten Volksstückes, das für uns junge
Menschen mehr oder minder natürlich auch nur noch einen historischen Wert bedeutet, denn die Gestalten dieser Volksstücke, also
die Träger der Handlung haben sich doch in den letzten zwei Jahr-
zehnten ganz unglaublich verändert. – Sie werden mir nun vielleicht
entgegenhalten, dass die sogenannten ewig-menschlichen Probleme des guten alten Volksstückes auch heute noch die Menschen
bewegen. – Gewiss bewegen sie sie – aber anders. Es gibt eine ganze
Anzahl ewig-menschlicher Probleme, über die unsere Großeltern
geweint haben und über die wir heute lachen – oder umgekehrt. Will
man also das alte Volksstück heute fortsetzen, so wird man natürlich
heutige Menschen aus dem Volke – und zwar aus den maßgeben-
den, für unsere Zeit bezeichnenden Schichten des Volkes – auf die
Bühne bringen. Also: zu einem heutigen Volksstück gehören heutige Menschen, und mit dieser Feststellung gelangt man zu einem
interessanten Resultat: nämlich, will man als Autor wahrhaft gestalten, so muss man der völligen Zersetzung der Dialekte durch
den Bildungsjargon Rechnung tragen. […] Und um einen heutigen
Menschen realistisch schildern zu können, muss ich ihn also dementsprechend reden lassen. Nun hab ich zu meinen Gestalten, wie

„Zu einem heu-
tigen Volksstück
gehören heutige
Menschen"

aber natürlich auch zu jeder Handlung, in puncto ihrer Möglichkeit, sich zu 100 % als soziale Wesen zu entwickeln und nicht nur
zu etablieren, keine positive, eher eine skeptische Einstellung, und
dies glaube ich damit am besten zu treffen, indem ich eine Synthese
von Ernst und Ironie gebe. Aus dieser Erkenntnis zog ich die Konsequenz. Mit vollem Bewusstsein zerstörte ich das alte Volksstück,
formal und ethisch – und versuchte als dramatischer Chronist die
neue Form des Volksstückes zu finden."[57]

In einer theoretischen Abhandlung mit dem lakonischen Titel *Ge-*
*brauchsanweisung* gibt Ödön von Horváth ausführliche Erläuterungen zu seinen Stücken:

Das dramatische
Grundmotiv von
Horváths Stücken

„Das dramatische Grundmotiv aller meiner Stücke ist der ewige
Kampf zwischen Bewusstsein und Unterbewusstsein.

Ich hatte mich bis heute immer heftig dagegen gesträubt, mich
in irgendeiner Form über meine Stücke zu äußern – nämlich ich bin
so naiv gewesen, und bildete es mir ein, dass man [...] meine Stücke
auch ohne Gebrauchsanweisung verstehen wird. Heute gebe ich es
unumwunden zu, dass dies ein grober Irrtum gewesen ist, dass ich
gezwungen werde, eine Gebrauchsanweisung zu schreiben.

Erstens bin ich daran schuld, denn: ich dachte, dass viele Stellen, die doch nur eindeutig zu verstehen sind, verstanden werden
müssten, dies ist falsch – es ist mir öfters nicht restlos gelungen,
die von mir angestrebte Synthese zwischen Ironie und Realismus
zu gestalten.

Zweitens: es liegt an den Aufführungen – alle meine Stücke sind
bisher nicht richtig im Stil gespielt worden, wodurch eine Unzahl
von Missverständnissen naturnotwendig entstehen musste. Daran

---

57   Zit. n.: Krischke/Hildebrandt, 1972, S. 145 f.

ist niemand vom Theater schuld, kein Regisseur und kein Schauspieler, dies möchte ich ganz besonders betonen – sondern nur ich
allein bin schuld. Denn ich überließ die Aufführung ganz den zu-
ständigen Stellen – aber nun sehe ich klar, nun weiß ich es genau,
wie meine Stücke gespielt werden müssen.

Drittens liegt die Schuld am Publikum, denn: es hat sich leider
entwöhnt auf das Wort im Drama zu achten, es sieht oft nur die
Handlung – es sieht wohl die dramatische Handlung, aber den dramatischen Dialog hört es nicht mehr. Jedermann kann bitte meine
Stücke nachlesen: es ist keine einzige Szene in ihnen, die nicht
dramatisch wäre – unter dramatisch verstehe ich nach wie vor den
Zusammenstoß zweier Temperamente – die Wandlungen usw. In
jeder Dialogszene wandelt sich eine Person. Bitte nachlesen! Dass
dies bisher nicht herausgekommen ist, liegt an den Aufführungen.
Aber auch an dem Publikum.

Denn letzten Endes ist ja das Wesen der Synthese aus Ernst und
Ironie die Demaskierung des Bewusstseins […].

Aus all dem geht schon hervor, dass Parodie nicht mein Ziel sein
kann – es wird mir oft Parodie vorgeworfen, das stimmt aber natürlich in keiner Weise. Ich hasse die Parodie! Satire und Karikatur –
ab und zu ja. Aber die satirischen und karikaturistischen Stellen in
meinen Stücken kann man an den fünf Fingern herzählen – Ich bin
kein Satiriker, meine Herrschaften, ich habe kein anderes Ziel, als
wie dies: Demaskierung des Bewusstseins. Keine Demaskierung
eines Menschen, einer Stadt – das wäre ja furchtbar billig! Keine
Demaskierung auch des Süddeutschen natürlich – ich schreibe ja
auch nur deshalb süddeutsch, weil ich anders nicht schreiben kann.

Diese Demaskierung betreibe ich aus zwei Gründen: erstens,
weil sie mir Spaß macht – zweitens, weil infolge meiner Erkennt-
nisse über das Wesen des Theaters, über seine Aufgabe und zu
guter Letzt Aufgabe jeder Kunst ist folgendes […], die Leute gehen

„Demaskierung
des Bewusst-
seins"

ins Theater, um sich zu unterhalten, um sich zu erheben, um eventuell weinen zu können, oder um irgendetwas zu erfahren. Es gibt also Unterhaltungstheater, ästhetische Theater und pädagogische Theater. Alle zusammen haben eines gemeinsam: sie nehmen dem Menschen in einer derartigen Masse das Fantasieren ab, wie kaum eine andere Kunst – Das Theater fantasiert also für den Zuschauer und gleichzeitig lässt es ihn auch die Produkte dieser Fantasie erleben. Die Fantasie ist bekanntlich ein Ventil für Wünsche – bei näherer Betrachtung werden es wohl asoziale Triebe sein, noch dazu meist höchst primitive. Im Theater findet also der Besucher zugleich das Ventil wie auch Befriedigung (durch das Erlebnis) seiner asozialen Triebe […].

Dies ist eine vornehme pädagogische Aufgabe des Theaters […]. Mit meiner Demaskierung des Bewusstseins, erreiche ich natürlich […] auch, dass Leute meine Stücke oft ekelhaft und abstoßend finden, weil sie eben die Schandtaten nicht so miterleben können. Sie werden auf die Schandtaten gestoßen – sie fallen ihnen auf und erleben sie nicht mit. Es gibt für mich ein Gesetz und das ist die Wahrheit […].

Regieanweisungen Horváths

Und nun kommen wir bereits zu dem Kapitel Regie. Ich will nun versuchen hauptsächlich möglichst nur praktische Anweisungen zu geben […] Bei Ablehnung auch nur eines dieser Punkte durch die Regie, ziehe ich das Stück zurück, denn dann ist es verfälscht.

Zu den Todsünden der Regie zählt folgendes:

1. Dialekt. Es darf kein Wort Dialekt gesprochen werden! Jedes Wort muss hochdeutsch gesprochen werden, allerdings so, wie jemand, der sonst nur Dialekt spricht und sich nun zwingt, hochdeutsch zu reden. Sehr wichtig! Denn es gibt schon jedem Wort dadurch die Synthese zwischen Realismus und Ironie. Komik des Unterbewussten. Klassische Sprecher. Vergessen Sie nicht, dass die Stücke mit dem Dialog stehen und fallen!

2. In meinen sämtlichen Stücken ist keine einzige parodistische Stelle! Sie sehen ja auch oft im Leben jemand, der als seine eigene Parodie herumlauft – so ja, anders nicht!

3. Satirisches entdecke ich in meinen Stücken auch recht wenig. Es darf auch niemand als Karikatur gespielt werden, außer einigen Statisten, die gewissermaßen als Bühnenbild zu betrachten sind. Das Bühnenbild auch möglichst bitte nicht karikaturistisch – möglichst einfach bitte, vor einem Vorhang, mit einer wirklich primitiven Landschaft, aber schöne Farben bitte.

4. Selbstverständlich müssen die Stücke stilisiert gespielt werden, Naturalismus und Realismus bringen sie um – denn dann werden es Milljöhbilder und keine Bilder, die den Kampf des Bewusstseins gegen das Unterbewusstsein zeigen – das fällt unter den Tisch. Bitte achten Sie genau auf die Pausen im Dialog, die ich mit ‚Stille' bezeichne – hier kämpft das Bewusstsein oder Unterbewusstsein miteinander, und das muss sichtbar werden.

5. In dem so stilisiert gesprochenen Dialog, gibt es Ausnahmen – einige Sätze, nur ein Satz manchmal, der plötzlich ganz realistisch, ganz naturalistisch gebracht werden muss.

6. Alle meine Stücke sind Tragödien – sie werden nur komisch, weil sie unheimlich sind. Das Unheimliche muss da sein.

7. Es muss jeder Dialog herausgehoben werden – ein stummes Spiel der anderen, ist streng untersagt. […]

Stilisiert muss gespielt werden, damit die wesentliche Allgemeingültigkeit dieser Menschen betont wird – man kann es gar nicht genug überbetonen, sonst merkt es keiner, die realistisch zu bringenden Stellen im Dialog und Monolog sind die, wo ganz plötzlich ein Mensch sichtbar wird – wo er dasteht, ohne jede Lüge, aber das sind naturnotwendig nur ganz wenig Stellen."[58]

---

58   Zit. n.: Krischke/Hildebrandt, 1972, S. 206 f.

## Ödön von Horváth als Träger des Kleist-Preises

Ödön von Horváth erhält 1931 zusammen mit Erich Reger den renommierten Kleist-Preis. Vorgeschlagen wurde er von Carl Zuckmayer, der die Wahl des Dramatikers wie folgt begründete:

Das Weltbild Horváths und seine künstlerische Umschmelzung

„Horváth scheint mir unter den jüngeren Dramatikern die stärkste Begabung, darüber hinaus, der hellste Kopf und die prägnanteste Persönlichkeit zu sein. Seine Stücke sind ungleichwertig, manchmal sprunghaft und ohne Schwerpunkt. Aber niemals wird sein Ausdruck mittelmäßig, was er macht, hat Format, und sein Blick ist eigenwillig, ehrlich, rücksichtslos. Seine Gefahr ist das Anekdotische, seine Stärke die Dichtigkeit der Atmosphäre, die Sicherheit knappster Profilierung, die lyrische Eigenart des Dialogs. Es wäre ein Missverständnis, ihn für einen Satiriker zu halten, obwohl einzelne seiner Figuren und Situationen satirisch gezeichnet, d. h. von einem kritischen Blickpunkt aus überzeichnet sind. Wesentlich sind aber bei ihm nicht diese Momente, sondern das Weltbild und seine künstlerische Umschmelzung. Es ist anzunehmen, dass er der dramatischen Kunst, die immer und ohne Einschränkung eine Menschenkunst und eine Sprachkunst bleibt, neue, lebensvolle Werte zuführen wird."[59]

## Auszug aus Johann Wolfgang von Goethes Drama *Faust I*

„DOM
*Amt, Orgel und Gesang.*
*Gretchen unter vielem Volke. Böser Geist hinter Gretchen.*

———

59  Zuckmayer, Carl: *Aufruf zum Leben. Porträts und Zeugnisse aus bewegten Zeiten*. Frankfurt am Main: S. Fischer Verlag, 1976, S. 214.

BÖSER GEIST. Wie anders, Gretchen, war dir's, / Als du noch voll Unschuld / Hier zum Altar tratst, / Aus dem vergriffnen Büchel-chen / Gebete lalltest, / Halb Kinderspiele, / Halb Gott im Herzen! / Gretchen! / Wo steht dein Kopf? / In deinem Herzen / Welche Misse-tat? / Betst du für deiner Mutter Seele, die / Durch dich zur langen, langen Pein hinüberschlief? / Auf deiner Schwelle wessen Blut? / – Und unter deinem Herzen / Regt sich's nicht quillend schon / Und ängstet dich und sich / Mit ahnungsvoller Gegenwart?
GRETCHEN. Weh! Weh! / Wär ich der Gedanken los, / Die mir herüber und hinüber gehen / Wider mich! [...]
BÖSER GEIST. Grimm fasst dich! / Die Posaune tönt! / Die Gräber beben! / Und dein Herz, / Aus Aschenruh / Zu Flammenqualen / Wieder aufgeschaffen, / Bebt auf!
GRETCHEN. Wär ich hier weg! / Mir ist, als ob die Orgel mir / Den Atem versetzte, / Gesang mein Herz / Im Tiefsten löste. / [...] Mir wird so eng! / Die Mauernpfeiler / Befangen mich! / Das Gewölbe / Drängt mich! – Luft!
BÖSER GEIST. Verbirg dich! Sünd und Schande / Bleibt nicht ver-borgen. / Luft? Licht? / Weh dir! / [...] Ihr Antlitz wenden / Verklärte von dir ab. / Die Hände dir zu reichen, / Schauert's den Reinen. / Weh! [–]
GRETCHEN. Nachbarin! Euer Fläschchen!"[60]

„Dom (V. 3776–3834): Gretchen hat inzwischen im Dom Zuflucht gesucht, weil sie sich dort Zuspruch und Trost verspricht. Die kurze Szene zeigt Gretchen noch einmal in ihrer Not: Faust ist verschwun-den, und sie hat seither keinerlei Nachricht von ihm [...], Stimmen dringen gewissermaßen [...] auf sie ein: ein böser Geist [...] zählt

---

60  Goethe, Johann Wolfgang von: *Faust*. Erster Teil. Husum/Nordsee: Hamburger Lesehefte Verlag, 2012, S. 107 f.

ihre bisherigen Sünden auf: Sie hat ihre Unschuld und damit ihre Ehre verloren. Sie hat die Mutter mit dem Schlafmittel unabsichtlich getötet. Der Bruder ist durch die Hand des Liebhabers gestorben und unter ihrem Herzen regt sich werdendes Leben. Von allen Seiten dringen Anklage und die Prophezeiung ewiger Verdammnis und künftiger Höllenqualen auf sie ein, bis sie schließlich von einer Ohnmacht aus ihrer seelischen Qual erlöst wird – zumindest für den Augenblick."[61]

„Die Szene *Dom* (es handelt sich hier wohl um das Totenamt für den Bruder) zeigt Gretchens ersten Zusammenbruch. Wenn sie ausruft ‚Mir wird so eng!', weist dies nicht nur auf einen physiologischen Zustand hin, sondern auf die Situation, in die sie gefallen ist. Die Ohnmacht, in die sie versinkt, ist nicht eine der Ohnmachten, die zur psychischen Mode des 18. Jahrhunderts gehören, sondern die Umnachtung, in der sie dann ihr Kind ertränkt, die sie noch im Kerker umfangen hält. Der entscheidende Schritt, der in der Domszene geschieht, ist der Verlust des letzten Haltes, der Transzendenz. Dazu ist der böse Geist bestimmt, den Text gleichsam zu kommentieren und die Drastik des Jüngsten Gerichts zu verschärfen. Ob es sich bei dem ‚bösen Geist' um eine Personifikation des Gewissens oder um einen ‚wirklichen' Geist aus der Geisterwelt handelt, mag dahingestellt bleiben."[62]

---

61  Goethe, Johann Wolfgang von: *Faust I.* Interpretiert von Ulrich Schlemmer. Freising: Stark Verlag, 2000, S. 43.
62  Kobligk, Helmut: *Johann Wolfgang Goethe: Faust I.* Grundlagen zum Verständnis des Dramas. Frankfurt am Main: Diesterweg Verlag, 1985, S. 85 f.

## Auszug aus Friedrich Hebbels Drama *Maria Magdalena*

Friedrich Hebbels bürgerliches Trauerspiel ist ein Drama in drei Akten, es wurde 1844 veröffentlicht und 1846 in Königsberg uraufgeführt.

Dritter Akt, vierte Szene:

„LEONHARD. Ja, siehst du, Klara, du sprachst von Wort halten. Eben weil ich ein Mann von Wort bin, muss ich dir antworten, wie ich dir geantwortet habe. Dir schrieb ich vor acht Tagen ab, du kannst es nicht leugnen, der Brief liegt da. *(Er reicht ihr den Brief, sie nimmt ihn mechanisch.)* Ich hatte Grund, dein Bruder – du sagst, er ist freigesprochen, es freut mich! In diesen acht Tagen knüpfte ich ein neues Verhältnis an; ich hatte das Recht dazu, denn du hast nicht zur rechten Zeit gegen meinen Brief protestiert, ich war frei in meinem Gefühl, wie vor dem Gesetz. Jetzt kommst du, aber ich habe schon ein Wort gegeben und eins empfangen, ja – *(für sich)* ich wollt, es wär so – die andere ist schon mit dir in gleichem Fall, du dauerst mich, *(Er streicht ihr die Locken zurück, sie lässt es geschehen, als ob sie es gar nicht bemerkte.)* aber du wirst einsehen – mit dem Bürgermeister ist nicht zu spaßen!
KLARA *(wie geistesabwesend)*. Nicht zu spaßen!
LEONHARD. Siehst du, du wirst vernünftig! Und was deinen Vater betrifft, so kannst du ihm keck ins Gesicht sagen, dass er allein schuld ist! Starre mich nicht so an, schüttle nicht den Kopf, es ist so, Mädchen, es ist so! Sag's ihm nur, er wird's schon verstehen und in sich gehen, ich bürge dir dafür! *(Für sich.)* Wer die Aussteuer seiner Tochter wegschenkt, der muss sich nicht wundern, dass sie sitzen bleibt. Wenn ich daran denke, so steift sich mir ordentlich der Rücken, und ich könnte wünschen, der alte Kerl wäre hier, um eine Lektion in Empfang zu nehmen. Warum muss ich grausam

sein? Nur weil er ein Tor war! Was auch daraus entsteht, er hat's
zu verantworten, das ist klar! *(Zu Klara.)* Oder willst du, dass ich
selbst mit ihm rede? Dir zuliebe will ich ein blaues Auge wagen
und zu ihm gehen! Er kann grob gegen mich werden, er kann mir
den Stiefelknecht an den Kopf werfen, aber er wird die Wahrheit,
trotz des Bauchgrimmens, das sie ihm verursacht, hinunter knir-
schen und dich in Ruhe lassen müssen. Verlass dich darauf! Ist er
zu Hause?

KLARA *(richtet sich hoch auf)*. Ich danke dir! *(Will gehen.)*

LEONHARD. Soll ich dich hinüberbegleiten? Ich habe den Mut!

KLARA: Ich danke dir, wie ich einer Schlange danken würde, die
mich umknotet hätte und mich von selbst wieder ließe und fort
spränge, weil eine andere Beute sie lockte. Ich weiß, dass ich ge-
bissen bin, ich weiß, dass sie mich nur lässt, weil es ihr nicht der
Mühe wert scheint, mir das bisschen Mark aus den Gebeinen zu
saugen, aber ich danke dir doch, denn nun hab ich einen ruhigen
Tod. Ja, Mensch, es ist kein Hohn, ich danke dir, mir ist, als hätt ich
durch deine Brust bis in den Abgrund der Hölle hinuntergesehen,
und, was auch in der furchtbaren Ewigkeit mein Los sei, mit dir
hab ich nichts mehr zu schaffen, und das ist ein Trost! Und wie
der Unglückliche, den ein Wurm gestochen hat, nicht gescholten
wird, wenn er sich in Schauder und Ekel die Adern öffnet, damit
das vergiftete Leben schnell ausströmen kann, so wird die ewige
Gnade sich vielleicht auch mein erbarmen, wenn sie dich ansieht,
und mich, was du aus mir gemacht hast, denn warum könnt ich's
tun, wenn ich's nimmer, nimmer tun dürfte? Nur eins noch: mein
Vater weiß von nichts, er ahnt nichts, und damit er nie etwas erfährt,
geh ich noch heute aus der Welt! Könnt ich denken, dass du – *(Sie
tut wild einen Schritt auf ihn zu.)* Doch, das ist Torheit, dir kann's ja
nur willkommen sein, wenn sie alle stehen und die Köpfe schütteln
und sich umsonst fragen: warum das geschehen ist!

LEONHARD. Es kommen Fälle vor! Was soll man tun? Klara!

KLARA. Fort von hier! Der Mensch kann sprechen! *(Sie will gehen.)*

LEONHARD. Meinst du, dass ich's dir glaube?

KLARA. Nein!

LEONHARD. Du kannst gottlob nicht Selbstmörderin werden, ohne zugleich Kindsmörderin zu werden!

KLARA. Beides lieber, als Vatermörderin! Oh, ich weiß, dass man Sünde mit Sünde nicht büßt! Aber was ich jetzt tu, das kommt über mich allein! Geb ich meinem Vater das Messer in die Hand, so trifft's ihn, wie mich! Mich trifft's immer! Dies gibt mir Mut und Kraft in all meiner Angst! Dir wird's wohl gehen auf Erden! *(Ab.)*"[63]


„Klara, die Tochter des Tischlermeisters Anton, ist mit dem Schreiber Leonhard verlobt. Als ihr Bruder Karl in den Verdacht gerät, einen Diebstahl begangen zu haben, und verhaftet wird, benutzt Leonhard dies als Vorwand, Klara um einer besseren Partie willen zu verlassen, obwohl sie ein Kind von ihm erwartet. Klaras eigentliche Liebe gehört einem Sekretär, der jedoch ihre Hingabe an den Nebenbuhler nicht verwinden kann (‚Darüber kommt kein Mann hinweg'); stattdessen erschießt er Leonhard im Duell. Klara, die am Sterbebett der Mutter ihrem Vater schwören musste, ihm niemals als sündige Maria Magdalena Schande zu machen, sieht den einzigen Ausweg im Selbstmord, den sie vergeblich als Unfall (Sturz in den Brunnen) zu tarnen versucht. Auf dem als ‚Kerker' und ‚Grab' charakterisierten Schauplatz bleibt Meister Anton zurück, der seine Verlassenheit in den Satz fasst: ‚Ich verstehe die Welt nicht mehr.'"[64]

---

63  Hebbel, Friedrich: *Maria Magdalena.* Husum/Nordsee: Hamburger Lesehefte Verlag, 2008, S. 43 f.
64  Wetzel, Christoph: *Lexikon der Autoren und Werke.* Stuttgart: Klett Verlag, 1993, S. 135.

## 6. PRÜFUNGSAUFGABEN MIT MUSTERLÖSUNGEN

Unter www.königserläuterungen.de/download finden Sie im Internet
zwei weitere Aufgaben mit Musterlösungen.

Die Zahl der Sternchen bezeichnet das Anforderungsniveau
der jeweiligen Aufgabe.

### Aufgabe 1 **

a) Erschließen Sie die Szene An der schönen blauen Donau
   (1, IV) aus dem Theaterstück *Geschichten aus dem Wiener Wald*. Berücksichtigen Sie dabei die Vorgeschichte,
   den Inhalt und den Aufbau der Szene, die Struktur des
   Dialogs und die Sprache der Akteure. Beschreiben Sie
   die Funktion der Regieanweisungen „Stille".
b) Erörtern Sie abschließend die Aussage des Literatur-
   wissenschaftlers Peter von Wapnewski, in dieser Szene verbinde sich die „Dummheit des Argen" mit der
   „Dummheit der Arglosen".[65]

ANALYSE

**Mögliche Lösung in knapper Fassung:**

a) Textstelle *Geschichten aus dem Wiener Wald*
**Vorgeschichte:**
Kurz zuvor (Szene 1, III) hat Mariannes Vater, der Zauberkönig, die
Verlobung seiner Tochter mit dem Fleischhauer Oskar verkündet.
Alfred hat in der Szene 1, II Marianne im Schaufenster der Pup-
penklinik beobachtet, was wiederum seine ältere Freundin Valerie

---

65  Wapnewski, S. 129.

sehr eifersüchtig machte: „Das wird das Beste sein für uns beide,
dass wir uns trennen." (HL S. 15, Z. 28 f./R S. 23, Z. 6 f.).

## Inhalt und Aufbau, drei Sinnabschnitte:

1. die Annäherung zwischen Alfred und Marianne (HL S. 26, Z. 13
   bis S. 28, Z. 14/R S. 36, Z. 27 bis S. 39, Z. 10)
2. der Eklat, der Höhepunkt der Erregung; Alfred und Marianne
   werden vom Zauberkönig und Oskar entdeckt; Marianne
   kündigt die Verlobung mit Oskar auf, ihr Vater verstößt sie als
   Tochter (HL S. 28, Z. 15 bis S. 29, Z. 20/R S. 39, Z. 11 bis S. 40,
   Z. 26)
3. Alfred und Marianne bekräftigen (vordergründig) ihre Gemein-
   samkeit (HL S. 29, Z. 21–34(R S. 40, Z. 27 bis S. 41, Z. 6)

## Struktur des Dialogs:

Der Dialog zwischen Alfred und Marianne ist geprägt von verschiedenen Formen des Aneinandervorbeiredens: Die Frage „Liebst du
mich? [...] So wie du solltest?" wird von beiden unterschiedlich
verstanden; nichtssagende Leerformeln werden im Dialog wie Satz-
bausteine variiert: „Keiner darf, wie er will"; Alfred flüchtet sich in
wohlfeile Floskeln: „du erhöhst mich", „ich bin deiner Liebe nicht
wert".

## Sprache der Akteure:

Marianne und mehr noch Alfred benutzen einen floskelhaften Bildungsjargon („wir armen Kulturmenschen"), sie verwenden im
Dialog Wiederholungsfiguren und bildliche Vergleiche („weich wie
Samt", „wie der Blitz hast du in mich eingeschlagen"); Marianne steigert sich in eine drastische bzw. umgangssprachliche
Ausdrucksweise: „der Sklave bricht seine Fessel", „soll unsere Puppenklinik verrecken"; der Zauberkönig steigert sich in heftige Be-

schimpfungen („Halunk", „Badhur"), Oskar arbeitet – nur äußerlich ruhig – mit verdeckten Drohungen: „du entgehst mir nicht".

**Funktion der Stille:**
Zwölfmal wird der Dialog durch einen Gedankenstrich und durch die Regieanweisung „Stille" unterbrochen; die Funktion ist z. T., dass damit die verklemmte Situation zwischen Alfred und Marianne verdeutlicht wird; dass beide mit ihren Aussagen ringen und sich teilweise mitten im Satz unterbrechen (vgl. dazu auch Kapitel 3.7 Interpretationsansätze S. 97 ff.).

ERÖRTERUNG

b) Wapnewskis Aussage
**„Dummheit des Argen" und „Dummheit des Arglosen":**
Wapnewski meint mit dieser Aussage nicht die Dummheit als fehlende Intelligenz, sondern eher die raffinierte Dummheit, die Alfred an den Tag legt („Dummheit des Argen") und die naive Dummheit von Marianne („Dummheit der Arglosen") – vgl. dazu auch Kapitel 3.7 Interpretationsansätze S. 81 ff. Marianne erkennt nicht den wahren Charakter von Alfred („ich bin nur froh, dass du nicht dumm bist") und sieht sich ansonsten von „lauter dummen Menschen umgeben".

**Aufgabe 2 \*\*\***

a) Erschließen Sie die Szene *Im Stephansdom* (2, VII) aus dem Theaterstück *Geschichten aus dem Wiener Wald*. Berücksichtigen Sie dabei die Vorgeschichte, den Inhalt und den Aufbau der Szene, die Struktur des Dialogs und die Sprache der Akteure. Beschreiben Sie die Funktion der Regieanweisungen „Stille".

b) Vergleichen Sie die Rolle von Marianne mit der von Margarete in Goethes *Faust I*. Nutzen Sie zum besseren Verständnis auch die ergänzenden Informationstexte (Auszug aus Goethes Drama und die beiden Texte in Kapitel 5. Materialien S. 122 ff.).

## Mögliche Lösung in knapper Fassung:

ANALYSE

a) Textstelle *Geschichten aus dem Wiener Wald*

### Vorgeschichte:

Marianne hat einen Sohn von Alfred, der mittlerweile etwa ein Jahr alt ist; sie leben zu dritt in beengten Verhältnissen; Alfred fordert: „Das Kind muss weg!" (HL S. 33, Z. 8/R S. 46, Z. 10); die Abtreibung missglückt jedoch; das Kind wird zu Alfreds Mutter in die Wachau gebracht; Alfred möchte aus der Bindung zu Marianne herauskommen; sein Freund Hierlinger sucht nach einer Arbeit für Marianne: Tänzerin in eleganten Etablissements.

### Inhalt und Aufbau, drei Sinnabschnitte:

1. der Beichtvater fasst die Verfehlungen von Marianne zusammen; Marianne gibt dazu kurze Erläuterungen, in denen sie die Schuld teilweise auf Alfred abwälzt (HL S. 48, Z. 1–29/R S. 65, Z. 12 bis S. 66, Z. 15)
2. der Beichtvater fordert Marianne zur Reue auf; das tut sie zweimal (Abtreibungsversuch, wilde Ehe mit Alfred); doch die Tatsache, dass sie ein Kind unehelich auf die Welt gebracht hat, will sie nicht bereuen („ich bin sogar glücklich, dass ich es hab", S. 49, Z. 13/R S. 67, Z. 1); daraufhin verweigert der Beichtvater eine Vergebung: „komme erst mit dir ins Reine" (HL S. 49, Z. 23/R S. 67, Z. 13); (HL S. 48, Z. 30 bis S. 49, Z. 25/R S. 66, Z. 16 bis S. 67, Z. 15)

3. Anrufung des lieben Gottes von Marianne (HL S. 49, Z. 26–36/R
   S. 67, Z. 16–30)

**Struktur des Dialogs:**
Ein Beichtgespräch hat eigentlich eine klare Dominanz und einen
ritualisierten Ablauf; in diesem Falle wird es aber teilweise zu einem
Streitgespräch mit deutlicher Gegenargumentation von Marianne;
anfänglich größere Redeanteile beim Beichtvater, später zuneh-
mend ausgeglichen, Marianne unterbricht sogar den Beichtvater.

**Sprache der Akteure:**
Normalsprache, weitgehend ohne Dialektfärbung.

**Funktion der Stille:**
Neunmal als Regieanweisung im Text; zeigt die Denkprozesse bei
beiden Dialogpartnern; unterstreicht die Besonderheit, dass hier
nicht bloß Formeln ausgetauscht werden.

VERGLEICH

b) Textstelle *Faust I*; Rolle von Marianne
**Parallelen:**
Beide haben ein uneheliches Kind (bei Margarete noch nicht geboren), beide fühlen sich (teilweise) schuldig und befinden sich in
einer fast ausweglosen Situation, beide suchen Zuflucht in einem
Gotteshaus, beide treten in einen Dialog ein, der aber keine Lösung
mit sich bringt.

**Unterschiede:**
Marianne trifft auf den Beichtvater, Margarete hört einen bösen
Geist, der auch nur ihre innere Stimme sein kann; Normalsprache
bei Horváth, gebundene Sprache bei Goethe.

## Aufgabe 3 ***

a) Erschließen Sie die vierte Szene des dritten Aktes aus dem Theaterstück Maria Magdalena von Friedrich Hebbel. Berücksichtigen Sie dabei den Inhalt und den Aufbau der Szene, die Struktur des Dialogs und die Sprache der Akteure. Informieren Sie sich über den Inhalt des Dramas anhand des Lexikon-Artikels (Auszug aus Hebbels Drama und ergänzender Text in Kapitel 5. Materialien S. 125 ff.).

b) Vergleichen Sie die tragische Situation von Marianne in Horváths Volksstück Geschichten aus dem Wiener Wald mit der von Klara in dem sozialen Drama Maria Magdalena.

### Mögliche Lösung in knapper Fassung:

a) Textstelle *Maria Magdalena*

ANALYSE

### Inhalt und Aufbau:

Im ersten Teil des Dialogs erklärt Leonhard ausführlich sein Verhalten. Dabei macht er aber vermutlich falsche Angaben über seine neue Verbindung zu der Tochter des Bürgermeisters. Er behauptet, dass sie sich beide schon das Wort gegeben hätten und dass schon eine Schwangerschaft vorliege. Als weitere Gründe für die Trennung sieht er die Verhaftung von Klaras Bruder Karl und die zu geringe Mitgift, die Klaras Vater zu einer Ehe beisteuern würde. Damit reklamiert er materielle Argumente und das Festhalten an bürgerlichen Ehrprinzipien. Klara antwortet darauf zweimal sehr kurz und fast geistesabwesend. Im zweiten Teil des Dialogs rafft sie sich aber dann zu einem letzten Bekenntnis auf: Sie vergleicht Leonhard mit einer Schlange und richtet einen vergifteten Dank an ihn, denn sein Verhalten habe ihr den Abgrund der Hölle gezeigt.

Sie kündigt ihren baldigen Tod an und rechnet mit ewiger Gnade. Leonhard warnt sie in einem kurzen Einwurf vor dem gleichzeitigen Selbst- und Kindesmord, doch Klara will vor allem den Vater vor der Schande verschonen und sich lieber selber opfern.

**Struktur des Dialogs:**
In dem Entscheidungsgespräch kommt es zu keiner Annäherung der beiden Gesprächspartner, da Leonhard einerseits mit vorgeschobenen Behauptungen operiert und Klara andererseits bereits zu einem endgültigen Beschluss gelangt ist. Während im ersten Teil Leonhard die Dominanz der Aussagen hat, redet im zweiten Teil vor allem Klara.

**Sprache der Akteure:**
Es handelt sich um eine Normalsprache, bei der aus der Emotionalität des Themas manchmal sprachliche Besonderheiten entstehen:
→ Wortwiederholungen: „Du", „Wort halten", „Ich danke dir", „Mörderin"
→ Ausrufe- und Fragesätze
→ bildliche Vergleiche: „Schlange"
→ Abwertungen: „der alte Kerl", „Tor"
→ Satzbrüche und das Zu-sich-Sprechen quasi als innerer Monolog

VERGLEICH

b) Die tragische Situation von Marianne und Klara
**Parallelen:**
Beide stammen aus einfachen bürgerlichen Verhältnissen, beide haben ein problematisches Verhältnis zum eigenen Vater, bei beiden ist die Mutter schon gestorben, beide waren/sind unehelich schwanger, beide haben das Kind von einem Mann, der zur echten Liebe nicht fähig ist und hauptsächlich an materielle Dinge denkt,

beide erwägen den Gedanken eines Selbstmordes als letzte Konsequenz, beide sind Teil einer komplizierten Dreiecksbeziehung.

**Unterschiede:**
Für Marianne ergibt sich am Ende vielleicht doch noch die Möglichkeit einer Heirat mit Oskar, Klara dagegen begeht Selbstmord mit einem Sturz in den Brunnen; Marianne kämpft um ihr Glück und um ihre Selbstständigkeit als Frau, Klara ist dagegen in den Zwängen der bürgerlichen Moral des 19. Jahrhunderts gefangen und unfähig, sich von sich selbst und ihrer Welt zu distanzieren.

## Aufgabe 4 *

**Der/Die Leiter/in des Arbeitskreises Schultheater plant für das nächste Schuljahr eine Aufführung von Geschichten aus dem Wiener Wald. Dazu hat er allen AK-Mitgliedern den Auftrag erteilt, das Stück genau zu lesen und dann eine begründete Stellungnahme zu schreiben, die auf folgende Fragen eine Antwort gibt:**
1. **Ist das Stück für eine Schülerbühne geeignet?**
2. **Kann das Stück heutige Zuschauer im Alter ab 14 Jahren noch ansprechen?**
3. **Für welche Rolle würdest Du Dich im Fall einer positiven Entscheidung bewerben?**

**Mögliche Lösung in knapper Fassung:**
Pro/Contra-Argumentation zur Frage 1:
+ breites Rollenspektrum bietet Spielmöglichkeit für ein großes Ensemble
+ eindrucksvolle Dialogpassagen als ideales Sprechtraining
− teilweise schwer zu spielende Rollen

– schwieriger Umgang mit dem österreichischen Dialekt
– Revueszenen eventuell schwer darstellbar
– schwierige Umsetzung der Hintergrundmusik und der Wiener Lieder
– starke Abstraktion des Bühnenbilds wohl unvermeidlich

Pro/Contra-Argumentation zur Frage 2:
+ das Stück behandelt zahlreiche zeitlose Themen: Rolle der Frau, Situation einer Familie mit unehelichem Kind, Abtreibung, problematisches Vater-Tochter-Verhältnis, Rolle der katholischen Kirche in Fragen der Sexualmoral
+ gute Mischung aus Tragödie und Ironie
– lokale Bezüge zu Österreich (Wien)
– starke Bindung des Geschehens an die Zeit der Weltwirtschaftskrise (ca. 1930)
– eventuell historisches Vorwissen notwendig (z. B. Erster Weltkrieg, Österreich-Ungarn als Monarchie)

Auswahl einer bevorzugten Figur mit Begründung:
Mögliche Kriterien können sein: Identifikation mit einer Figur, interessantes Profil einer Figur, Sympathie für eine Figur, Sprechweise einer Figur (vgl. dazu auch Kapitel 3.4 Charakteristiken auf S. 52 f.)

An zwei Beispielen können Sie sehen, dass etwa im Jahr 2018 das Stück *Geschichten aus dem Wiener Wald* von Schultheater-Gruppen aufgeführt wurde:

„Nichts ist trostloser als eine verbaute Zukunft. Die von Marianne ist es schon in jungen Jahren. Marianne ist eine der Hauptfiguren in dem Volksstück *Geschichten aus dem Wiener Wald*, das [...] von der 12. Klasse der Freien Rudolf-Steiner-Schule Ottersberg aufgeführt wurde. Die Intensivprobenzeit für das Theaterstück war mit drei Wochen knapp bemessen – umso beachtlicher das dramaturgische Ergebnis. Regie führte die Theaterpädagogin Dzenet Hodza, (musik)pädagogisch unterstützt von Thomas Beierle und Sabine Wahlers.

Das Stück des österreich-ungarischen Schriftstellers Ödön von Horváth trägt einen trügerischen Titel. Er bezieht sich auf die wein- und walzerselige Musik von Johann Strauß, benennt bei Horváth aber eine bitterböse Gesellschaftskritik. Die zeichnet die Lebensperspektive von Frauen in den zwanziger Jahren, als die Weltwirtschaftskrise Arbeitslosigkeit und Armut brachte, in harten Strichen.

Dabei sind Parallelen zur Gegenwart zu erkennen. Zwar haben Frauen heute mehr Rechte und Chancen, gleichwohl sind es häufig Männer, die sie daran hindern, sie zu nutzen. Ödön von Horváths Stück hat auch fast neunzig Jahre nach seiner Uraufführung nicht an Aktualität verloren. Es zeigt Frauen als beliebig verschiebbare Masse – ins Bett, in die Ehe, ins Abseits. Von wahrer Liebe kaum eine Spur, nur von der Idee davon. […]

Bei der Freitagsaufführung war die Aula der Freien Rudolf-Steiner-Schule Ottersberg gut gefüllt. Das Publikum spendete dem gesamten Ensemble viel Beifall für sehr gutes Schul-Theater."[66]

*„Geschichten aus dem Wiener Wald* – Volksstück in drei Teilen von Ödön von Horváth
Es spielt: die Theater-AG des Sebastian-Münster-Gymnasiums Ingelheim
Schultheater im unterhaus (Mainz)
Spielleitung: Christoph Klein"[67]

---

66  https://www.kreiszeitung.de/lokales/verden/ottersberg-ort29239/klasse-waldorfschule-zeigt-horvth-gesellschaftssatire-sehr-gutes-theater-9688920.html (Stand Juli 2019).
67  http://www.unterhaus-mainz.de/ver03/Programm/kuenstler_view.php?Kuenstler_zeile=4829 (Stand Juli 2019).

# LITERATUR

**Zitierte Ausgabe:**

**Horváth, Ödön von:** *Geschichten aus dem Wiener Wald.* Volksstück in drei Teilen. Husum/Nordsee: Hamburger Lesehefte Verlag, 2009 (Hamburger Leseheft Nr. 221).

**Horváth, Ödön von:** *Geschichten aus dem Wiener Wald.* Volksstück in drei Teilen. Stuttgart: Philipp Reclam jun. Verlag, 2009 (Reclams Universal-Bibliothek Nr. 18613).

**Weitere Ausgabe:**

**Horváth, Ödön von:** *Geschichten aus dem Wiener Wald.* Text und Kommentar. Frankfurt am Main: Suhrkamp Verlag, 2015 (Suhrkamp BaisBibliothek Nr. 26).

**Weitere Werke des Autors:**

**Horváth, Ödön von:** *Italienische Nacht.* Frankfurt am Main: Suhrkamp Verlag, 2003 (Suhrkamp BasisBibliothek)

**Horváth, Ödön von:** *Kasimir und Karoline.* Frankfurt am Main: Suhrkamp Verlag, 2008.

**Horváth, Ödön von:** *Glaube Liebe Hoffnung.* Frankfurt am Main: Suhrkamp Verlag, 2008.

**Horváth, Ödön von:** *Jugend ohne Gott.* Frankfurt am Main: Suhrkamp Verlag, 2008.

**Horváth, Ödön von:** *Ein Kind unserer Zeit.* Frankfurt am Main: Suhrkamp Verlag, 2001.

**Sekundärliteratur:**

**Balme, Christopher:** *Horváths Theorie des Theaters.* In: Streitler-Kastberger / Vejvar, S. 37–46.

**Bartsch, Kurt:** *Ödön von Horváth*. Stuttgart, Weimar: J. B. Metzler, 2000.

**Bertschik, Julia:** *„Affektives Kapital"*. *Zur Vernetzung von Erotik, Geschlecht und Politik bei Ödön von Horváth*. In: Streitler-Kastberger / Vejvar, S. 147–156.

**Best, Otto F.:** *Handbuch literarischer Fachbegriffe*. Frankfurt am Main: Fischer Taschenbuch Verlag, 1979.

**Doppler, Adolf:** *Bemerkungen zur dramatischen Form der Volksstücke Horváths*. In: Bartsch, Kurt; Baur, Uwe; Goltschnigg, Dietmar (Hrsg.): Horváth-Diskussion. Kronberg/Ts.: Scriptor Verlag, 1976, S. 11–21.

**Emrich, Wilhelm:** *Die Dummheit oder das Gefühl der Unendlichkeit*. In: Ders.: Geist und Widergeist. Wahrheit und Lüge in der Literatur. Studien. Frankfurt am Main: Athenäum Verlag, 1965, S. 166–193.

**Erken, Günther:** *Ödön von Horváth: „Geschichten aus dem Wiener Wald"*. In: Berg, Jan u. a.: Von Lessing bis Kroetz. Einführung in die Dramenanalyse, Kronberg/Ts.: Scriptor Verlag, 1975, S. 138–179.

**Handke, Peter:** *Horváth und Brecht*. In: Ders.: Ich bin ein Bewohner des Elfenbeinturms. Frankfurt am Main: Suhrkamp Verlag, 1972a, S. 63 f.

**Handke, Peter:** *Totenstille beim Heurigen*. In: Ders.: Ich bin ein Bewohner des Elfenbeinturms. Frankfurt am Main: Suhrkamp Verlag, 1972b, S. 217–227.

**Kappeler, Annette:** *Akustische Widerhaken. Musik in Ödön von Horváths Theaterstücken*. In: Streitler-Kastberger / Vejvar, S. 81–89.

**Kastberger, Klaus; Streitler, Nicole (Hrsg.):** *Ödön von Horváth: „Geschichten aus dem Wiener Wald"*. Volksstück. Stuttgart: Philipp Reclam jr. Verlag, 2009.

**Krischel, Volker:** *Interpretation zu Ödön von Horváth: „Geschichten aus dem Wiener Wald".* Hollfeld: C. Bange Verlag, 2009.

**Krischke, Traugott (Hrsg.):** *Horváths „Geschichten aus dem Wiener Wald".* Frankfurt am Main: Suhrkamp Verlag, 1983.

**Krischke, Traugott (Hrsg.):** *Materialien zu Ödön von Horváths „Geschichten aus dem Wiener Wald".* Frankfurt am Main: Suhrkamp Verlag, 1972.

**Krischke, Traugott; Hildebrandt, Dieter (Hrsg.):** *Ödön von Horváth. Gesammelte Werke.* Band 8. Frankfurt am Main: Suhrkamp Verlag,1972.

**Kurzenberger, Hajo:** *Horváths Volksstücke. Beschreibung eines poetischen Verfahrens.* München: Wilhelm Fink Verlag, 1974.

**Meister, Monika:** *Horváths Theaterstücke als szenische Kunst der Gegenwart.* In: Streitler-Kastberger / Vejvar, S. 67–75.

**Müller-Funk, Wolfgang:** *Stichworte zur gesellschaftspolitischen Aktualität von Horváths Volksstück.* In: Streitler-Kastberger / Vejvar, S. 15–29.

**Rinsum, Annemarie u. Wolfgang von:** *Interpretationen. Dramen.* München: Bayerischer Schulbuch Verlag, 1978, S. 165–176.

**Rötzer, Hans Gerd:** *Auf einen Blick: Literarische Grundbegriffe.* Bamberg: C. C. Buchner Verlag, 1999.

**Schmidjell, Christine:** *Ödön von Horváth: „Geschichten aus dem Wiener Wald".* Erläuterungen und Dokumente. Stuttgart: Philipp Reclam jr. Verlag, 2009.

**Streitler-Kastberger, Nicole; Vejvar, Martin (Hrsg.):** *„Ich denke ja gar nichts, ich sage es ja nur." Erotik, Ökonomie und Politik bei Ödön von Horváth.* Salzburg: Jung und Jung Verlag, 2018.

**Szondi, Peter:** *Theorie des modernen Dramas (1880–1950).* Frankfurt am Main: Suhrkamp Verlag, 1970.

**Wapnewski, Peter:** *Ödön von Horváth und seine „Geschichten aus dem Wiener Wald".* In: Brauneck, Manfred (Hrsg.): Das deutsche Drama vom Expressionismus bis zur Gegenwart. Bamberg: C. C. Buchner Verlag, [4]1976, S. 118–138.

**Wolf, Norbert Christian:** *Der Dramatiker Horváth als Soziologe*. In: Streitler-Kastberger / Vejvar, S. 201–215.

**Zuckmayer, Carl:** *Aufruf zum Leben. Porträts und Zeugnisse aus bewegten Zeiten*. Frankfurt am Main: S. Fischer Verlag, 1976.

Verfilmungen:

**Geschichten aus dem Wienerwald.** Österreich 1961. Regie: Erich Neuberg (Fernsehfilm)

**Geschichten aus dem Wiener Wald.** Deutschland, Österreich 1979. Regie: Maximilian Schell (Kinofilm)

**Geschichten aus dem Wiener Wald.** Deutschland 1999. Regie: Martin Kušej (Fernsehfilm)

## STICHWORTVERZEICHNIS

# DIGITALES ZUSATZMATERIAL

**Literarisch vernetzt! Über 600 Materialien online.**

# KÖNIGS FITNESS

## Königs Fitness – der Personal-Trainer für bessere Noten

In vier Lernschritten zum Ziel!

**Texte analysieren und verfassen**
**8.–10. Klasse**
ISBN 978-3-8044-1583-6

**Themen aus dem Inhalt:**

- Reportage
- Kommentar
- Glosse
- Satire
- Novelle
- Kurzgeschichte
- Roman

**Aufsatz: Argumentieren und Erörtern**
**9.–10. Klasse**
ISBN 978-3-8044-1571-3

**Themen aus dem Inhalt:**

- Erstellen einer Gliederung und Verfassen einer Erörterung
- Überarbeitung eines Klassenarbeitstextes
- Textgebundene und dialektische Erörterung

**Analysieren und Interpretieren:**
**Lyrik 11.–12./13. Klasse**
ISBN 978-3-8044-1538-6

**Themen aus dem Inhalt:**

- Gliederung der Interpretation
- Einleitung und Inhaltsangabe
- Analyse und Interpretation
- Schluss der Interpretation
- Reim - Metrum - Stilfiguren
- Dichter und Epoche
- Gedichtvergleich